U0127969

贛文化通典

——方志卷　第一冊

代序

邵鴻

　　南昌大學鄭克強教授主編的《贛文化通典》即將出版。這部大書，是我期盼已久、很有意義的一項工作。自一九九四年江西出現贛文化研究熱潮以來，江西歷史和文化研究成績可觀，《贛文化通典》是又一新的重要成就，可喜可賀！克強索序於我，盛意不能不有所應命。近年我寫過好些綜論贛文化的文字，特別是在《江西通史》導論中有較系統的闡述，似乎沒有重複的必要。然而講贛文化，不能不從「贛」字說起，恰恰在這個基本點上，其實還有工作要做。因此，我想借此機會從辭源學的角度，把對「贛」字的兩點認識寫出來，命曰「說贛」，權充序言，為《贛文化通典》做一個開篇鋪墊並向大家請教。

　　第一個問題，關於贛字的起源和演變。

　　因為資料限制，這一問題曾難以解答。

　　在傳世文獻中，「贛」最早出現於春秋戰國時期。如孔門高足端木賜，字子貢，貢在古籍裡常寫成贛或贛，贛有賜予之意，名字正相配合。贛也常用作通假字，借為愚戇、戇直之戇。成書於戰國的《山海經·海內東經》：「贛水出聶都東山。」郭璞注：「今贛水出南康南野縣西北，音感。」同書《海內經》：「南方有

贛巨人，人面長唇，黑身有毛，反踵，見人笑亦笑，唇蔽其面，因即逃也。」這兩條記載不僅是先秦古籍中「贛」字的實例，而且公認是與上古江西地區有關的史料。從此，贛就和江西有了不解之緣。

但在東漢許慎的《說文解字》裡，卻沒有贛字。與之相當的，是贛字，該書卷六：「贛，賜也。從貝，竷省聲。贛，籀文。」清段玉裁注云：「贛之古義古音，皆與貢不同。」因為依據有限，段說並未得到廣泛認同。

近幾十年來，先秦秦漢時期的簡牘、帛書、璽印、銘刻等考古材料大量出現，古文字學界對贛字的認識有了決定性突破。從李家浩先生獨具慧眼破解「上贛君之諨璽」開始[1]，人們逐漸認識到，戰國時期贛字有歕、歚、贛、贛、竷等形體，基本構造是從章、從欠、從貝，欠亦為聲符。我們今天熟悉的贛字，實際上是「贛」、「贛」等形的訛變和俗體字[2]。後來贛一直有兩種讀音，一讀幹，一讀貢[3]，應與此有關。在此基礎上陳劍先生又發現，早在西周金文中已有贛字，作𢼡、𣂏等形，是一個會意字，像人以雙手賜予玉璋，意為賞賜。後來右邊的𣂏演變為欠，

1　李家浩：《楚國官印考釋》，《江漢考古》1984 年第 4 期。

2　參何琳儀《戰國古文字典 戰國文字聲系》下冊，第 1453-1455 頁；黃德寬《古文字譜系疏證》第四冊，第 4041-4043 頁；滕壬生《楚系簡帛文字編》增訂本，第 517 頁；李運富《楚國簡帛文字構形系統研究》，第 129-130 頁。

3　如《集韻》贛江之贛讀為古暗切，贛賜之贛讀為古洞切。

遂形成了贛字的早期形體「歅」⁴。陳說得到古文字學界較普遍的認可，可以信據。由此可知，上古贛字字形、字音確不從貢，許慎錄「贛」而非「贛」表現了大師的精審，但也有小誤，段玉裁的有關見解則實屬卓識。

近期我對古文字材料中的贛字做了進一步考察，得出的認識是：戰國及秦代相關諸字出現較多（特別是在數量頗豐的楚、秦系簡帛文獻中），而「贛」字則尚未見⁵。從已知材料看，「贛」字最早出現在西漢初年馬王堆漢墓帛書《春秋事語》中，用於子貢之名。可能抄寫於西漢前期的定州漢簡《論語》，子貢也有寫作「子贛」或「子𧶠」（當為贛的異體）的⁶。東漢碑銘中亦有實例，如《譙敏碑》及熹平石經《論語》⁷。但漢代古文字資料中「贛」字實例相對很少，馬王堆帛書裡贛字多作「贛」、「贛」、「贛」等形，但「贛」僅上舉一例；《漢印文字彙》共收入三十九個贛字，只有二個從貢，一作「贛」，一作「贛」；在諸多漢簡及湖南長沙走馬樓三國簡資料中，贛也絕大部分從貝而

---

4 陳劍：《釋西周金文的「（贛）」字》，《北京大學古文獻研究所集刊》（一），北京燕山出版社 1999 年版。

5 雲夢睡虎地秦簡《日書》中有一「贛」字，可能為「贛」字的或體，待證。另新出湖南龍山裡耶秦簡中數見「贛」字，也很值得注意。

6 河北省文物考古研究所定州漢墓整理小組：《定州漢墓竹簡〈論語〉》（文物出版社 1997 年版）。需要說明的是，該整理小組將簡本中十余例子貢、子贛全部隸定為「子𧶠」、「子贛」，但據公佈的部分摹本，實際多數也作𧶠、贛之形，只有個別從貢。

7 據《隸釋》卷十四《石經〈論語〉殘碑》，「子贛」、「子贛」各三見。

不從貢。總的來說，西漢以來伴隨著隸書的發展，「贛」字出現漸多，但更流行的寫法仍然是從貝的「贛」、「䡛」、「贛」等形。此外，「灨」雖已出現，但極少見（目前僅見一例，應為東漢之印）。

到魏晉時期，「贛」可能已成為普通寫法，「灨」字也流行起來。曾經引起「蘭亭序」真偽之爭的東晉贛令王興之、王閩之父子兩墓誌三見「灨」字[8]，這是六朝使用「灨」字以及已知最早將江西贛縣寫作「灨」的實例。此後，除了少數學者（如唐代開成石經《五經文字》和宋代《廣韻》的作者等），一般人已是只知有「贛」，不知其始了。

瞭解贛的本字和演變，不僅是解說贛文化的第一步，而且也有其他意義。比如由此可以更好地利用新出考古和古文字資料研究江西上古史，又比如我們可以知道，今天所見先秦兩漢乃至更晚古籍中的「贛」或「灨」字，其實是後來抄刻而成，並非本來面目。因而，自劉宋劉澄之以來聚訟一千數百年的「章、貢成贛（水）」之說的確是不能成立的[9]，反而是北宋歐陽忞《輿地廣記》先有贛水、後有章、貢的說法更值得重視。

第二個問題，以贛為江西簡稱始於何時？

江西稱贛，無疑因為縱貫全境的贛江之故。贛水至晚戰國已

---

8 南京市文物保管委員會：《南京象山東晉興之夫婦墓發掘報告》，《文物》1965 年第 6 期；南京市文物保管委員會：《南京象山 5 號、6 號、7 號墓清理簡報》，《文物》1972 年第 11 期。

9 劉説見《水經注》卷三十九引。

經得名，然而以「贛」代稱江西從什麼時候開始？這一問題向少討論，近來翻檢史料，發現這其實是很晚近的事情。

西漢初年，在今章、貢二水匯流處設贛縣，屬豫章郡。此後贛縣歸屬屢有變更，隋唐以來屬虔州，為州治。在很長時間裡，凡言贛、贛人，均指贛縣而言。如唐代著名書法家鐘紹京，《資治通鑒》卷二〇九說他是「灨（贛）人」，新舊《唐書》本傳則說是「虔州贛人」[10]。又如蘇東坡謫貶北歸期間，與友人書信屢言「度嶺過贛」、「候水過贛」、「已到贛上」，又有名詩《八月七日初入贛，過惶恐灘》，「贛」也都是指贛縣和虔州州治之地。

宋高宗紹興二十三年（1153），以虔為虎頭不祥，改虔州為贛州。此後，「贛」更多的時候是指贛州（府）全境。試舉數例：

> 江西（風水）之法，肇於贛楊筠松、曾文辿。及賴大有、謝世南輩，尤精其學。（《王忠文集》卷二十，《叢錄》）
>
> 紹熙癸丑之秋，贛境大水，至浸于（信豐）縣鼓樓兩樽之間。（《夷堅志丙》卷一）
>
> 江西山皆至五嶺、贛上來，自南而北，故皆逆。（《朱子語類》卷二）

---

10 類似的例子如《九江記》（《太平御覽》卷四二五引）：「王植新，贛人也」；《資治通鑒》卷二六七：「（廖）爽，贛人也」，同書卷二七六：「匡齊，贛人也」，其實說的都是「虔州贛人」。

　　明正德十一年（1516），朝廷設「巡撫南贛汀韶等處地方提督軍務」，嘉靖四十五年（1566）定為南贛巡撫，下轄南安、贛州、韶州、南雄、汀州等府。清初延續，至康熙四年（1665）正式撤銷。這一時期並延及清代中後期，「贛」一般仍指贛州府境，但範圍有擴大的趨勢。贛州與原從虔州分出、清代又同屬嶺北道（後改贛南道）的南安，在稱謂上逐漸接近，「南贛」、「贛南」成為習語。因此，有時就有以贛代指南、贛情形出現。如《明儒言行錄》卷八：「贛人性矯野，（王守仁）為立十家牌法，作業出入有紀，又行鄉約，設社學，教郡邑子弟歌詩習禮……嶺北風俗，為之丕變。」既云「嶺北」，顯然是指南、贛二府之地。又明《李友華墓誌》：「（萬曆中）巡撫南贛……在贛十四年，威惠甚著」；《盛京通志》卷七十七《胡有升》：「（順治五年）以總兵出守南贛……六年致仕，贛人思其德。」這裡單言的「贛」，則是包括南贛巡撫轄區而言了。

　　儘管內涵逐步擴大，但直至清後期，「贛」一直只是局促於江西南部一隅，並未成為全省概稱。歷史上，江西的概稱有豫章、江西、江右、西江等，元明時期隨著江西行省的設立，也稱江、江省，「江」成為江西簡稱[11]。清代朝廷詔奏及官方文書中

---

11 如元人虞集《貢院題名記》：「夫江省，所統郡二十，多以文物稱」；明歐陽鐸《黃鄉保築城碑》：「贛，江省邊邑也」；李振裕《與吉水王明府書》：「江省理學，海內所推」（以上引文均見同治《江西通志》的《藝文志》，該志類似例子很多，不俱引）。又清計六奇《明季北略》卷二十一《李邦華》：「今異增兵以扼險，江撫駐九江，贛撫駐吉安，以壯虎豹當關之勢。」可見當時「江」、「贛」之別是明顯的。

大量使用「江省」、「江境」、「江撫」、「江、閩」、「江、粵」等語，曾任江西巡撫的蔡士英有《撫江集》一書，說明清代仍然通行。

但「江」作為省稱，易與江蘇和黑龍江相混（清代兩省也可稱「江」或「江省」），因而最終未能持久通行，「贛」逐漸取代「江」成為江西簡稱。現在可斷言的是：清末江西稱贛已經普遍流行。檢《近代期刊篇目匯錄》[12]，最早有光緒二十三年（1897）十月初五日上海《集成報》轉載《申報》「贛省西學」報導，光緒二十七年（1901）有「贛撫被參」、「贛撫李議複新整事宜折」、「贛試不停」、「贛出教案」等報導，從此到光緒三十四年（1908），江西、北京、上海、南京、廣州、重慶、武昌、廈門、山東等地多種報刊關於「贛」省的報導多達六十條，其後宣統時期短短三年亦近六十條。複檢《清實錄》，咸豐、同治時期官方詔奏中「贛」仍然專指贛州或南贛，「江」則依舊為江西簡稱，至光緒二十九年（1903）「贛省」出現，以後不斷增多，迄光緒末共計六處；《宣統政紀》涉及「贛」省之文激增，多達二十處。承廖聲豐博士協助檢索第一歷史檔案館所藏清宮中檔和軍機檔，情況和《實錄》相似。自光緒三十一年（1905）護理江西巡撫周浩就釐定江西營制章程上奏摺中首見「贛省」，此後亦逐漸增多。其他例子還有很多，如光緒三十年（1904）出版的《江

---

12 南昌大學歷史系內部資料本，2005 年。

西官報》已見「贛省」字樣[13]；光緒三十一年（1905）浙江發生「浙贛鐵路交涉」風波[14]；光緒三十三年（1907）江西鑄造發行贛字款銅元；三十四年（1908）七月，留日江西留學生創辦《江西》雜誌，萍鄉湯增璧作《警告全贛書》、《比較贛人與江浙人之對路事》、《贛事拾遺》等文[15]；同年江西洋務局汪鐘霖《贛中寸牘》印行，等等。這些例證均可證明，光緒末年「贛」稱已極普遍，而且民間較公文使用要更早一些。不過應指出的是，清末江西「江」的概稱並沒有立即被完全取代，而是與「贛」並用，入民國後才逐漸消失。

不言而喻，「贛」稱的流行一定不始於光緒末年，而應有一個發展過程。但究竟早到何時，則還需要研究。《清史稿》有以下三條有關記載：

《列傳》一五八《牛鑒傳》：

「（道光二十二年〔1842〕耆英等）合疏以保全民命為請，略曰：江寧危急，呼吸可虞，根本一摧，鄰近皖、贛、鄂、湘，皆可航溯。」

《列傳》二百七十七《王東槐傳》：

---

13 《江西官報》當年第十四期載黃大壎、陳三立等人關於創辦機器造紙公司的呈文，其中言及：「竊贛省土紙，實為大宗，而海關洋紙，日益進步。」

14 浙江同鄉會當年在日本印行《浙贛鐵路事件》一書（國家圖書館古籍部藏），對此有較詳記載。

15 參周年昌《湯增璧先生傳略與研究》，《中國民主革命的先驅——湯增璧》，甘肅人民出版社 2011 年版。

「（道光三十年〔1850〕奏言）若開礦之舉，臣曾疏陳不便，順天已停，而湘、贛等省試辦，驚擾百姓，利害莫測。」

《列傳》二百十《王拯傳》：

「（同治三年〔1864〕疏言）擬請飭贛、皖、楚、粵各疆臣，值此事機至緊，無論如何變通為難，總當殫竭血誠，同心共濟。」

按說有這幾條證據，本可以認為道、同間稱江西為「贛」已漸流行。但鑒於以下幾方面原因，我以為還有可疑。

其一，我翻檢了很多咸同時期的史料，未見江西稱「贛」確證；儘管說有易，說無難，特別是我的閱讀面相對於浩如煙海的同期史料當然還是太少，但問題是《實錄》和檔案材料也是如此，這就不能不慎重了。

其二，我一度認為是同治年間江西稱「贛」鐵證的趙之謙文獻被否定。同治十一年（1872）冬，著名學者和藝術家趙之謙到南昌，協助巡撫劉坤一撰修《江西通志》，光緒十年（1884）逝於江西。其間他在書信中多有談及在「贛」情形，並有《贛省通志》部分手稿存於上海圖書館[16]。但近詢該館有關人士，「贛省

---

16 近年文物拍品中有不少涉「贛」的趙氏手札，如「弟自到贛以來，終日衙參，一差未得，暫居客館，草草勞人」（西泠印社有限公司 2009 年春拍品，見博寶拍賣網）；「到贛兩年僅以志書一差，月薪不滿四十，一家八口何以支持」（中貿聖佳國際拍賣有限公司 2006 年春拍品，見同上）；「擬於初冬往贛，為稟到候補之急務也。吾哥如有信致贛，可預書就弟便帶去」（北京中漢 2011 年秋拍品，見中國收藏網）；「賀太尊定於正月初十日接首府印，大得蔣公心，到贛總在二月初間，

通志」四字非撝叔親筆，而是民國收藏者的題識；而當下拍賣會上出現的諸多趙氏涉「贛」書札，權威的趙之謙墨蹟集中不見著錄，公認真品的趙氏書札只說「江西」、「江省」、「江右」、「豫章」等，因而疑點甚多。筆者特請教清華大學古代書畫鑒定專家邱才楨博士，他斷然認為這些拍品全為低仿贗品。據此，以往著錄中個別涉「贛」的趙氏書信，也就難為信據了。

其三，《清史稿》成書於民國，編撰者往往用當時語言概括史料，包括詔奏文字。舉一個類似的例子，《德宗實錄》載：光緒二十九年七月護理江西巡撫柯逢時奏：「贛省義寧、新昌二州縣交界地方，有黃岡山，久經封禁。」同年《江西官報》上刊登了奏摺原文，詳盡很多，但這一段內容相同，唯「贛省」寫作「江西」。這顯然是宣統年間實錄館臣綜述奏摺時做了改動。因而，《清史稿》的上述三條材料，也就值得存疑了。至少，《牛鑒傳》一條明言「略曰」，說明經過作者概括而非原疏文字。

因此，江西簡稱為「贛」的約定俗成，可能還是光緒朝即十九世紀七十年代以來的事情。我推測清末民初「贛」逐漸替代「江」成為江西簡稱的原因，應與電報的應用有關。因為費用的昂貴使電報文字大量使用簡稱，並且要求精確規範，不易誤解。

速則正月之杪」（上海鴻海商品拍賣有限公司 2010 年秋拍品，見博寶拍賣網）。又《悲庵手札真跡》上冊亦有一札云：「到省數月，未獲一差，日用應酬，支持不易。贛地之柴米，較吾浙價賤，惟房租甚貴」（民國十四年碧梧山莊石印本）。《贛省通志》稿本見《上海圖書館地方志目錄》，1979 年自印本，第 289 頁；《上海圖書館藏明清名家手稿》，上海古籍出版社 2006 年版，第 74 頁。

鑒於電報在中國的流行正是一八七〇年代以後的事情，這一推測不為無據。我很希望，有更深入的研究可以證明或證誤我的觀點。但顯然，相比於許多省份，如蜀、粵、閩、晉、豫、皖、滇、黔、浙、陝等簡稱的確定均不晚於明代，江西稱贛是很晚的事情，距離現在僅百餘年。由此，「贛」也走完了它從小到大的歷史道路。

搞清贛作為江西簡稱的時間也是有意義的，至少讀古籍時可避免犯錯。比如，我們不能把古籍中絕大部分的「贛」當作江西看待；又如在清代檔案整理擬題或寫文章時，將清初江西稱為贛省、江西巡撫稱為贛撫也屬不夠嚴謹。此外，以贛稱來鑒別書畫文物，則是一種辨偽的有效手段。

兩點認識已如上述。以考據文章代替序言，似乎不合常規。但我想，上述心得對贛文化研究應有裨益，故而還是大膽寫出，以供批評。同時我想說，對贛字的考察讓我聯想到：對於絢麗多彩、豐富深厚的江西歷史和文化來說，不僅研究天地極為廣闊，而且可能還有許多實屬基本的問題仍待關注和解決。研究者需要更加腳踏實地，勤奮努力，細緻深入，堅持不懈，才能把研究做到佳境，臻於一流。這是我所熱切期望於南昌大學各位朋友的。

二〇一一年最後一日於京華

序

周文斌

　　煌煌鴻制的《贛文化通典》即將付梓刊行，鄭克強教授主其事，並囑我作文以序之。這部大書，由數十位南昌大學的同仁參與編撰，是教育部「211」重點專案「贛學」的標誌性成果。由此我想起了孔憲鐸教授在《我的科大十年》中所說：「現代研究型的大學，多有三個功能：教學、研究和服務社會。為此科大要求所有的教員既要是教學的良好的教師，又要是研究的優秀學者，也要是對香港乃至中國南部的經濟和社會發展有貢獻的好公民。三者合而為一，缺一不成。」[1]南昌大學作為江西省最重要的高等教育機構，在江西省無疑是一個高層次人才聚集的淵藪。我們的教師隊伍，同樣既要做教學的良師，又要做研究的優秀學者，同時也要做對江西省及周邊地區經濟和社會發展有貢獻的好公民。

　　在世界範圍內，所有優秀的公立大學都將公共服務作為重要的辦學宗旨，比如美國最好的公立大學——加州大學伯克利分校

1　孔憲鐸：《我的科大十年》，北京大學出版社 2004 年版，第 1 頁。

就明確提出辦學宗旨為「教學、研究和公共服務」[2]，注重在公共服務中樹立良好形象，加強大學與社會的全面聯繫，尤其注重為加州的經濟發展和社會進步服務。這部《贛文化通典》可以視為南昌大學的同仁為總結發掘江西古老而豐富的文化遺產所做的一點實績。在邵鴻教授的序文中，就贛學和贛文化情況進行了精彩的闡述，在此本人毋庸贅言。我想借此機會著重談兩方面的問題：一是談談南昌大學的歷史使命；二是就現代教育理念，談談學科建設與公共服務的關係。

有人說贛文化是中國文化隱性的核心和支柱，善隱厚重，堅韌質樸。當我們用歷史的眼光感受深沉的江西文化，不能不正視推動獨具特色的贛文化精神形成的一支重要力量，那就是在中國教育史和思想史上赫赫有名的江西書院。書院產生於唐代，源於私人治學的書齋與官府整理典籍的衙門[3]，後來成為藏書、教學與研究相結合的中國古代特有的高等教育機構和文化學術思想交流的中心。書院既是一個教育機構，又是一個學術研究機構，中國歷代文人在書院這一相對獨立自由的環境裡，碰撞智慧，傳承思想，同時完成了古代中國文化教育和人才培養的歷史使命。江西自古重教崇文，素有「文章節義之邦」的美譽，這在某種程度上得益於江西曾有中國古代最為發達的書院文化。自宋代至明代，江西能夠成為中國的一個文化重地，與書院講學之風大興不

---

2 hpp://www.berkeley.edu/about/〔EB/OL〕.

3 鄧洪波：《中國書院史》，東方出版中心 2004 年版，第 49 頁。

無關係。江西書院「肇於唐，盛於宋」，跨越千年。從唐代「開元盛世」開始，江西就有了中國歷史上最早的書院之一，此後江西書院代有增置，據考證，有學者認為江西古代書院足有千餘所之多，鼎盛時期求學人數達數千人。清代學者李漁曾在《興魯書院記》中說：「江西名書院甲於天下」，聞名全國的書院就有白鹿洞、豫章、濂溪、白鷺洲、象山、鵝湖、懷玉、東湖書院等，不勝枚舉。江西書院數量之多，規模之大，教育品質之高，社會影響之大，在我國古代書院一千多年的歷史中獨領風騷。從教育者的眼光來看，眾多的江西書院中值得一提的是位於江西廬山五老峰南麓、被譽為「天下書院之首」的白鹿洞書院。南宋理學家朱熹重修白鹿洞書院，自兼洞主之後，為書院建立了嚴格的規章制度。朱熹以理學教育家的觀點，在總結前人辦學所訂規制的基礎上，制訂了《白鹿洞書院揭示》，即「父子有親，君臣有義，夫婦有別，長幼有序，朋友有信……博學之、審問之、慎思之、明辨之、篤行之……」提出了書院教育的指導思想、目標、教育內容、教育方法等，是中國古代書院學規的典範，隨即為江西和全國各地眾多書院所借鑒或採用，是中國教育史上最早的教育規章制度之一，並被後代學者認為是中國古代書院制度化、規範化的重要標誌。以書院學規為總的教育方針，朱熹在白鹿洞書院開展了多種形式的教學活動，包括「升堂講學」、「互相切磋」、「質疑問難」、「展禮」等，書院師生於相互問難辯詰之中，優遊山石林泉之間，促進學術，傳承文化。

　　歲月流逝，一百多年以前，近代中國在探索強國振興的道路上選擇了完全移植西方的大學制度。在晚清學制改革的大潮中，

為了急於擺脫「無裨實用」的傳統教育制度，清政府採取了取消書院，以便集中人力財力，發展新教育的「興學至速之法」，不無遺憾地拋棄了中國傳統的書院文化。幸而跨入新世紀的今天，書院文化又一次進入中國學人的研究視野，並日益受到各方重視。正如清華大學老校長梅貽琦先生所言：「今日中國之大學教育，溯其源流，實自西洋移植而來，顧制度為一事，而精神又為一事。就制度言，中國教育史中固不見有形式相似之組織，就精神言，則文明人類之經驗大致相同，而事有可通者。」[4]在完善現代意義上的中國大學制度方面，傳統的學院精神應有其獨特的位置和作用。

南昌鍾靈毓秀，是贛鄱文明重要的發源地。兩千多年以來，南昌一直都是贛文化的中心，來自江西各地的才子們彙聚南昌，走向全國，成就了兩宋以來光輝燦爛的江西文化。身處其中，南昌大學應該繼承江西書院文化的優良傳統，自覺肩負起傳承、繁榮、發揚贛文化的歷史使命。

如果說歷史悠久、博大厚重的傳統書院文化為南昌大學的發展進步提供了豐富的精神食糧，那麼，立足二十一世紀的南昌大學還必須擁有以現代教育理念改造自身、積聚力量，並為中國現代化進程貢獻片瓦，為社會進步提供智識支援和人才支持的決心和勇氣。

南昌大學是一個學科齊全的綜合性大學，對於這類大學，著

4　梅貽琦：《大學一解》，《清華學報》第 13 卷第 1 期，1941 年 4 月。

名的教育家克拉克・科爾（Clark.kerr）定義為「多功能大學」（multi-versity），與先前人們熟知的單一功能大學（Uni-versity）相區別。這類大學的功能有三項：首先，大學生產知識，培養有創造性的人才，提供專業和基礎訓練，從事社會服務是其基本職責。其次，大學還與知識消費相關：包括創造通識教育機會，創造和維持一個充滿活力和興趣的校園。提供社會關愛，如醫療、諮詢和指導。第三，與公民教育相關，促進社會進步和公正是教育的責任[5]。在一個全省人口總數達四四〇〇餘萬的區域裡，作為江西省唯一的一所江西省人民政府和教育部共建的國家「211工程」重點建設大學，南昌大學有責任，也有能力為全省及周邊區域提供優良的高等教育資源，使有志青年得到富有競爭力和創造力的教育，從而成為國家建設的有用人才。

學科建設是高等學校的一項基礎性、全域性、戰略性的系統工程，是學校建設的核心內容。創建綜合性大學，必須正確處理學科建設中「基礎學科」與「應用學科」的關係，立足於培養高素質的複合型人才的需要，合理選擇和規劃學科的發展。科學發展和協調發展是南昌大學在培養人才方面的優勢，我們一方面要使學生學好專業知識，還要發揮綜合性大學門類齊全、學科交叉的優勢，通過文理工醫等多學科的整合教育、通識教育，充實學生的文化底蘊，提高學生的綜合素養，將專業教育與學生的人格

5　轉引自馬萬華《從伯克利和北大清華》，教育科學出版社 2004 年版，第 16 頁。

塑造、個性培養、世界觀、價值觀的完善結合起來，體現知識、能力與人格間的和諧統一，促進學生的全面發展。

作為一所輻射全省的地方性高等院校，南昌大學還應該積極利用地方資源進行學科建設，打造富有地方特色的優勢學科，從而更好地為區域經濟發展和文化建設服務。從當前高等教育發展的潮流看，大學為地方服務已成為共識與發展趨勢。「現在需要用一種新的觀點來看待高等教育，這種觀點要求把大學教育的普遍性與更多適切的必要性結合起來，以對社會對其功能發揮的期望作出回應，這一觀點不僅強調學術自由和學校自治的原則，而且同時強調了高等教育必須對社會負起責任。」[6]以科學發展的眼光來看，大學不僅是進行知識傳授和科學研究的中心，更是參與社會變革乃至於引導社會進步的重要因素。地方性院校只有更加關注地方的現實發展，以提供公共服務的姿態積極參與地方區域建設，才能更好地實現自身價值，謀得更為廣闊的發展空間。

「所謂大學者，非謂有大樓之謂也，有大師之謂也。」借此機會，我祝願未來的南昌大學大師雲集、學術豐厚；希望昌大人不僅勤於個人「檢束身心，砥礪品性」，且懷一顆拳拳報國之心，以自己的專業所長，服務社會，造福人民。謹為序。

---

6 聯合國教科文組織：《國際發展戰略（1991）》。

叙例

　　本書為綜合董理江西歷代志乘之專書。本書著錄、考訂之對象為今江西界域內縣以上正志，上溯其源至漢晉，下訖一九四九年九月，無論存佚，悉予收錄。晚近有輿地圖說之類，實乃古圖志之餘緒；又有專事志乘辨訂補苴之撰述。是二類，於探究志乘原委，明其得失，裨益匪淺，宜兼舉之。至若偏記一端之專志，或專載耆舊先賢，或獨詳山川名物，以及鄉土志、土著志之類，雖亦常為公私簿錄歸諸地志，按其義例，要非地志之正宗，本書不予闌入。

　　筆者昔年曾系統考索明永樂以前之江西佚志，得三百餘種，輯得佚文千八百餘條，撰為《江西古志考》一書。原擬將永樂之後所修志乘繼續整理為《續考》，另行刊佈。今續考得永樂以後志書為前考之二倍強，若別為一書，則斷簡累然，於各地修志源流之考察頗為不便。又，前書間有疏漏處，宜加補訂。因將前書考錄之志籍重予核訂錄入，輯佚原文則悉予刪除，僅存其條目出處，又增入新采輯文數百條，與續考合而為一。

　　本書卷次之分，依照今行政區劃，大致每地區為一章。有今一地（市）所不能包括者，與通志之屬並歸「統部」。景德鎮、

新餘、萍鄉、鷹潭諸市，因篇幅偏小，合為一章。每章內各縣之次第，大致循明、清建置，俾同屬一府之諸縣不致散置。首錄治所縣，府志之屬置於首縣志乘之前，仍以首縣名領之，不另出府名。郡縣志乘，均依其成書年代之先後著錄。每縣之前略冠數語，序其修志源流及沿革概況。

本書著錄類例，准照《古籍著錄規則》（3992.7-87）及全國圖書館縮微複製中心《地方志著錄條例》而略予變通，著錄級次為「基本級次」。

本書所錄佚志，多有據歷代史志、類書等載籍所引佚文著錄者。輯文所引，往往不記原書名，又每冠以「新」「舊」「前」「後」等字樣，雖經悉心尋繹，猶有未能考定原書名者，姑仍輯文所題書名錄之。又存佚志書中，常見署有「新創」「續增」「重修」之類字樣者，各書率意題署，初無定規，按其原委，多與義無當，且卷端、版心、牌記、封檢等處題名往往不一，若依其所署著錄，則徒增紛披。若此之類，今盡刪其「新創」「重修」等字樣，僅錄其主題書名。唯「續增」一類，有不錄前志舊文，僅以新增內容自成一書者，則仍其「續增」之名，以期名實相副。又佚書卷數，據有關書目、序跋參互考定。存志卷數，則據實錄之；志書正文前後之文字，不論字數多寡，其目錄與版心有一處標稱「卷首」「卷末」者，方以卷首、卷末錄之。

舊志所署修纂職名，類目繁複，諸如總裁、鑒定、主修、協修、分修、纂輯、分纂、校定、經理、提調、採訪，等等，不下數十種。本書著錄者，僅修、纂二類。凡主持志事之同級長官稱「修」，實領其事或總其成者稱「纂」。私家纂輯者只稱「纂」。

凡此，俱以原修職名、有關序跋及文獻記載為據。若修纂有多人，則舉其要者一二人，並略記其字型大小、里貫、仕履及著述。修纂者無考，則錄為「佚名」。

一志之成，往往修經數任，纂歷眾手，遷延時日，多歷年所，又每有前修自稱稿已訖，後修則謂其稿未半，若此之類，彼此抵牾，莫衷一是，欲詳其原委，何年開纂，何年成稿，殊非易事。故本書著錄年代，合修纂年與版本年為一款，依刊竣、開雕、訖稿、開局之順序著錄，前項不明時方以後項錄之。又不論官修私纂，志名前皆冠此年號，以方括號規之。年號無考者冠以朝代，朝代亦不詳者闕如。其有數種版本者，所冠年號以原刊本為準；原刊年無考或稿成未刊者，以成稿或修纂年標示。已印行之志籍，或刻本，或活字本，或石印本，等等，皆據其版本形式著錄；確知未嘗刊佈者，錄為某年稿本；是否刊行尚未能確知者，則錄為某年修本。志書之再版，凡用原板片重新刷印者，錄為「重印本」；據原書款式重新刻印者，錄為「重刻本」；重雕原本部分殘佚之板片然後刷印者（此類甚多），錄為「補版重印本」。

凡佚志其有佚文散見於載籍者，必廣搜博采，悉心討究，務期零章斷簡，並有所歸。各志佚文，只列其出處、條目，不出原文。

古今官私書目，於地方志乘多有登錄，本書擇要取之，以為著錄考訂之佐證。

志書序跋，多為修纂者夫子自道，身歷其役，其中甘苦委曲頗得三昧，本書刪取其於修纂原委、卷帙類例及前志存佚評價等

可資考據之篇什，以為研讀者之一助。又，後志錄前志序跋，往往擅改原文，故本書引錄之序跋，凡屬存書，必用其原文；佚志之序跋則采自最早見錄本。

以上著錄部分各項，有前說歧互須經考定者；修纂始末、版刻年代、卷次類目、體例特徵等，有須論證說明者；前後志之承傳，各志之優劣評章，有前人成說可資借鑒者。此數項內容，並以按語出之。筆者檢閱舊志，披繹載籍，偶有一得，結為數語，亦綴於按語中。

本書所考錄之存志，因絀於資費，有少數尚未經目驗者，欲從容論之，尚有待於時日。又本書引用舊文較多，為使聲氣不致暌隔，按語也用淺近的文言。望讀者鑒諒。

本書分為上、下兩編，分別由江西省地方志編委會編審黎傳紀和南昌大學教授易平撰述。北京師範大學史學研究所易寧教授承擔了卷九贛州地區佚志之輯佚考證工作，謹遵易寧本人意願未署名，特此說明。本課題研究工作，一九九六年底已基本完成，隨即獲全國高校古籍整理研究工作委員會批准，列為古委會重點研究專案，直接撥款予以資助。筆者再用近一年時間整理，至一九九七年十月定稿，次年由黃山書社出版，書名為《江西方志通考》。

本書今被納入《贛文化通典》叢書之方志卷，內容略有修訂，體例亦有相應調整。

目錄

上編

第一章｜統部

第二章｜南昌市

南昌

第三章|景德鎮市萍鄉市新余市鷹潭市

浮梁

樂平

（以上今景德鎮市）

萍鄉

蓮花

（以上今萍鄉市）

貴溪

第四章｜九江市

九江

瑞昌

彭澤

第五章│上饒地區

上饒

萬年

婺源

下編

第六章|宜春地區

宜春

豐城

靖安

高安

第七章 | 撫州地區

臨川

南豐

黎川

第八章｜吉安地區

吉安

吉水

第九章 | 贛州地區

贛縣

上
編
—

統部

　　時有古今，地有沿革，今之江西一省，古時或為數州數郡之地，界域後先差互，不可一律視之。入此類者，或其地之大部在江西，或其治所地在此，且今之一地一市所不能包括者，未必皆有通志、省志之名也，故命曰統部。大凡書之愈古，其亡佚也愈甚。此處所錄志籍二十八種，最古者上溯至三國孫吳，距今一千七百餘年，然其存世者，則僅有明嘉靖以下十三種。張國淦《中國古方志考》以徐整、雷次宗等所撰歸諸省志類，而南唐塗廙等書歸府志，蓋此類志書亡佚既久，所輯佚文有限，礙難據以考實各書所志地域，故粗為之分析如此。唯張氏于雷、塗諸書猶有察之未審者，今乃廣為搜羅，輯文數量或至倍蓰於張書，複詳為之辯證，俱見各書之考案中。又有明萬曆王世懋撰《饒南九三府圖說》以下圖說、輿圖數種，其書與明、清諸志體例有異，然《四庫總目》錄王書於史部地理類存目中，謂「有古輿圖之遺法」，陳光貽《稀見地方志提要》亦錄之，是宜一併著錄。至若《江西考古錄》《豫章十代文獻略》諸書，雖亦地方文獻之屬，究非方志專書，故不予闌入。又民國《江西通志》之「整理說明」稱：清道光二十年，江西巡撫吳文鎔修省志，已成稿，未授梓。今檢

《清史稿》吳氏本傳、光緒《江西通志》宦績錄、《吳文節公遺集》及《清宣宗實錄》諸書，均未見有吳氏修省志之記載。唯同治《高安縣志》夏燮序曰：「吳文節公巡撫江西，以省志修於雍正間，已逾百年，乃再開局會城，檄各郡縣以次編纂。書未上而文節移撫浙江，事遂寢。」知此修尚未成稿，亦不宜錄入。

吳宗慈、辛際周《江西古今政治地理沿革總略》曰：「江西為《禹貢》揚州之域，其北部一隅（漢柴桑、彭蠡縣地）則屬荊、揚二州境，彭蠡以東屬揚州，以西屬荊州。春秋時，東部一隅（秦漢餘干縣地）屬吳外，全部皆吳之西境、楚之東境，其界域不可考。七國時，越滅吳，楚滅越，全境屬楚。及秦滅楚，始皇二十六年分天下為三十六郡，江西則屬九江郡。漢興，改九江郡為淮南國，領九江、廬山、衡山、豫章四郡，江西則為豫章郡。核今江西屬地，除舊有之玉山一部割自會稽郡之太末，鉛山一部割自會稽郡之冶縣，安福一部割自長沙郡之安成，及民國二十三年新來隸之婺源原屬丹陽郡外，幾全為漢豫章郡故地。」及晉，有豫章、鄱陽、廬陵、臨川、南康、安成、尋陽七郡之地。隋平陳，置洪州總管府及江、饒、撫、吉、虔、袁諸州；大業初改州為郡，複為豫章、九江、鄱陽、臨川、廬陵、南康、宜春七郡。唐貞觀初，分天下為十道，今江西省地屬江南道；開元十一年，分十五道，今江西地為江南西道，道置採訪使（後改觀察使），轄洪、饒、虔、吉、江、袁、信、撫八州。（《元和郡縣志》）宋分江南為東、西路，洪、虔、吉、袁、撫、筠六州及臨江、建昌、南安三軍屬西路，江、饒、信三州及南康軍屬東路；建炎中合江東、西為江南路；紹興元年複分江南東、西路，饒、

撫、信三州及建昌軍屬江南東路，江、洪、筠、袁、虔、吉六州
及南康、臨江、南安三軍為江南西路。元至元十四年立行中書
省；十九年，江西行省領龍興、吉安、瑞州、袁州、臨江、撫
州、江州、南康、贛州、建昌、南安諸路及南豐州，饒州、信州
二路及鉛山州別屬江浙等處行中書省。明洪武九年，改行中書省
為江西等處承宣佈政使司，領南昌、瑞州、九江、南康、饒州、
廣信、建昌、撫州、吉安、臨江、袁州、南安十三府，治南昌。
清領十三府如明；乾隆十九年升寧都縣為直隸州；至清末，領十
三府、一州（寧都直隸州，轄瑞金、石城二縣），合計屬縣七十
有五，屬州一（義寧州，屬南昌府），屬廳四（銅鼓廳，宣統元
年置，屬南昌府；蓮花廳，乾隆八年置，屬吉安府；定南廳，乾
隆三十八年由縣改；虔南廳，光緒二十九年置，俱屬贛州府）。
今江西省，令南昌、九江、景德鎮、鷹潭、新餘、萍鄉、井岡山
七市及宜春、上饒、撫州、吉安、贛州五地區。

〔吳〕豫章舊志八卷

　　徐整纂徐整，字文操，豫章人，吳太常卿。

　　三國間修本　佚

　　《唐書・經籍志》：《豫章舊志》八卷徐整撰。

　　《唐書・藝文志》：徐整《豫章舊志》八卷。

　　顧櫰三《補後漢藝文志》卷五：《豫章舊志傳》八卷。

　　姚振宗《三國藝文志》史部：徐整《豫章舊志》八卷整始末
具經部詩類。章宗源《隋志考證》曰：《豫章舊志》三卷，晉會稽太守熊
默撰。《唐志》有徐整撰八卷，無熊默。《續漢書郡國志》注、《世說・規

箴篇》注、《水經·廬江水注》、《後漢書·馮衍傳》注、《藝文類聚》祥瑞部、鳥部並引《豫章舊志》。按：《新唐志》雜傳記類，徐整《豫章舊志》八卷，又《豫章烈士傳》三卷。諸書所引，舊志是否為徐整本文，雖不盡可辨，而所載有縣邑官守諸事，不皆為人物傳記之文，實為地理之屬。今以《烈士傳》別入傳記類，而以此志分析於此。

侯康《補三國藝文志》史部：徐整《豫章舊志》八卷《世說·規箴篇》注、《水經·廬江水注》，俱引此書而不係人名，同序盧俗一事，酈道元引《海內東經》以駁之，蓋地志類多附會，自古已然也。此書《隋志》作晉熊默撰三卷，《唐志》作徐整撰八卷，今從《唐志》。書似宜入地理類，而隋、唐二《志》俱入雜傳，原書既亡，無可考核，自當仍舊為正。

《通志·藝文略》卷四。

《中國古方志考》。

《江西古志考》卷一：《豫章舊志》八卷吳，徐整撰。按：三國孫吳徐整《豫章舊志》，乃江西志乘之最早見錄者。六朝隋唐以來諸書所引《豫章舊志》，皆不係撰人；題有徐整名氏之書，唯《初學記》卷十七人部所引《豫章烈士傳》一條。《隋書·經籍志》錄作徐整《豫章烈士傳》三卷，無徐氏《豫章舊志》。舊《唐志》錄徐整《豫章舊志》八卷，無徐氏《豫章烈士傳》。新《唐志》並錄兩書。若以新《唐志》觀之，則《隋志》、舊《唐志》俱有所闕，其原由莫能究詳。又《隋志》著錄熊默《豫章舊志》三卷、熊欣《豫章舊志後撰》一卷，或曰舊《唐志》所錄徐整《豫章舊志》八卷者，乃合徐之《烈士傳》及二熊《志》為一編，非是。說詳熊默《豫章舊志》考。又，姚振宗《三國藝文志》經部：徐整《毛詩譜》三卷。《釋文敘錄》：徐整，字文操，豫章人，吳太常卿。《隋書經籍志》：

《毛詩譜》三卷，吳太常徐整撰。王謨《漢魏遺書鈔》:《敘錄》曰，吳射慈《喪服變除圖》。今見於《通典》所載者，凡三十餘條，其中徐整與慈問答者十二，整自為立論者一。整蓋亦為禮服之學者。而《隋志》載整《詩譜》二卷、《孝經默注》一卷，不知其於禮服有論著也，故表而出之。馬國翰《玉函山房輯佚書》:《敘錄》曰，吳射慈《喪服變除圖》，與徐整答問為多，整當是慈之門之。

〔晉〕豫章舊志三卷

熊默纂熊默，晉會稽太守。

晉修本　佚

《後漢書》卷二十八馮衍傳注；郡國四，盧江郡尋陽注；引《豫章舊志》兩條。

《水經·盧江水注》引《豫章舊志》一條。

《世說新語·規箴》注，引《豫章舊志》一條。

《藝文類聚》卷九十二，鳥部下，烏白鳥；卷九十九，祥瑞部下，雀白雀；引《豫章舊志》二條。

《輿地紀勝》卷三十，江州，仙釋康俗先生，引《豫章舊志》一條。

《豫章十代文獻略》卷三十六，道家，引《豫章舊志》一條。

《江西考古錄》卷三，山阜盧山；卷四，川澤彭蠡；卷八，故事東野王；引熊默《豫章舊志》三條。又，卷九，神異盧山君，引《豫章舊志》一條。

丁國鈞《補晉書藝文志》卷二。

文廷式《補晉書藝文志》史部雜傳。

秦榮光《補晉書藝文志》史部傳記。

黃逢元《補晉書藝文志》史部雜傳。

吳士鑒《補晉書經籍志》史部雜傳。

章宗源《隋書經籍志考證》：《豫章舊志》三卷晉會稽太守熊默撰。《唐志》有徐整撰八卷，無熊默。《續漢書‧郡國志》注，引新吳上蔡永修縣、江淮南昌縣、建昌縣葛鄉、昌邑城概口四事，又匡俗事，以《世說‧規箴篇》注、《水經‧廬江注》所引為詳。《後漢書‧馮衍傳》注：周生豐為豫章太守，清約儉惠。《藝文類聚》祥瑞部：太守孔竺臨郡三月，白雀出南宮；夏侯崇臨郡六月，白雀見女羅。鳥部：太守李儀臨郡二年，白鳥見南昌。並引《豫章舊志》。王象之《輿地碑目》：一卷。

姚振宗《隋書經籍志考證》：《豫章舊志》三卷晉會稽太守熊默撰。（《豫章舊志後撰》一卷，熊欣撰。）熊默、熊欣始末並未詳。按晉元帝時有熊遠，豫章南昌人，默與欣殆亦郡人。按：漢魏六朝地理之書，大抵略如《華如國志》之體，有建置，有人物，有傳，有贊，而注意於人物者為多。自來著錄之家，務欲各充其類，以人物為重者則入之傳記，以土地為重者則入之地理。亦或一書而兩類互見，不避複重。或裁篇而分類錄存，不嫌割裂。各隨其意，各存其是，初無一定之例也。是書《唐志》八卷，題徐整者，以徐整之《烈士傳》、熊默之《舊志》、熊欣之《後撰》合為一編，著其始作者姓名耳。《新志》別有《烈士傳》三卷，則又沿前志分篇別出之舊，實重複也。

葉德輝《世說新語注引用書目》土地部：《豫章舊志》《藝文類聚》鳥部中引用，不題撰人。

《太平御覽經史圖書綱目》：《豫章舊志》。

《輿地紀勝》卷二十六，隆興府，碑記：《豫章舊志》一卷
晉會稽太守熊默撰。

王謨《熊默同〈豫章舊志〉輯本》：《隋志》：晉會稽太守熊
默《豫章舊志》三卷，熊欣《豫章舊志後撰》一卷按：《隋志》以
二熊《豫章舊志》併入雜傳，蓋以專敘人物不及地理故也。諸書或引作
《豫章者舊志》，又引作《者舊傳》，並即此書。如熊欣《後志》已絕不
傳。即熊默《志》僅有存者，《江西通志》亦未見採錄，如漢封廬俗鄡陽
男不入封爵，建武中太守周生豐不列名宦，尤為可惜。今並鈔出《後漢
書》注一條、《水經注》一條、《世說》注一條、《類聚》四條、《書鈔》
一條、《御覽》二條。

《中國古方志考》：《豫章舊志》三卷晉熊默纂。

《江西古志考》卷一：《豫章舊志》三卷晉熊默纂。按：晉熊默
《豫章舊志》三卷、熊欣《豫章舊志後撰》一卷，並見《隋志》著錄。然
《隋志》無徐整《豫章舊志》，舊《唐志》則錄徐志八卷，又無熊默。姚振
宗《隋志考證》以為舊《唐志》之徐整《豫章舊志》八卷，乃「以徐整之
《烈士傳》、熊默之《舊志》、熊欣之《後撰》合為一編，著其始作者姓名
耳。新《(唐)志》別有《烈士傳》三卷，則又沿前《志》分篇別出之舊，
實重複也。」姚氏此說不確。若舊《唐志》合徐氏《烈士傳》三卷、熊默
《舊志》三卷、熊欣《後撰》一卷為一編，所錄《豫章舊志》當是七卷而
非八卷；若謂新《唐志》又錄徐氏《烈士傳》三卷為「沿前志分篇別出之
舊」，則例當別出默、欣二書，何以新《唐志》於此二書不置一辭？以是
知姚說未可據信。據《隋志》，徐氏與二熊書本各自為編，別本單行。兩
《唐書》不言二熊者，蓋未見及耳。王象之《輿地碑目》有熊默《豫章
舊志》一卷，知該書至嘉定間尚有一卷存世。今檢諸書所引《豫章舊

志》，得《世說新語》注引一條、《水經注》引一條、《後漢書》注引兩條、《藝文類聚》引兩條、《輿地紀勝》引一條。凡此七條，俱不係撰人。《紀勝》卷三十「康俗先生」條所引《豫章舊志》，據《輿地碑目》，知是熊默志。此條曰「康俗先生，字君平，夏商之苗裔」。其文乃轉引自《後漢書‧郡國志》注引《豫章舊志》，原文作「匡俗，字君平，夏禹之苗裔」。《紀勝》改「匡」為「康」，避宋太祖諱之故。又「夏禹」，《紀勝》作「夏商」，當係抄誤。又《世說新語‧規箴篇》注引《豫章舊志》，亦敘匡俗事，則曰「廬俗，字君孝，本姓匡，夏禹苗裔」云云，而《水經‧廬江水注》引《豫章舊志》則無「夏禹苗裔」句。以上三書所引互有歧異，或轉相傳抄使然，或傳聞異辭，各有所本，則晉宋間除徐、熊外又另有一《豫章舊志》，亦未可知也。今已明《後漢書》注及《紀勝》所引三條出自熊默本，其餘四條無考，姑繫於此。又《北堂書鈔》歲時部引《豫章耆舊志》一條，《太平御覽》天部引《豫章耆舊傳》一條，此二書《隋志》不錄。章宗源《隋志考證》以為《豫章耆舊志》即《豫章舊志》，疑《北堂書鈔》誤增一「耆」字。王謨《熊默〈豫章舊志〉輯本》則曰：「《隋志》以二熊《豫章舊志》併入雜傳，蓋以專敘人物不及地理故也。諸書或引作《豫章耆舊志》，又引作《耆舊傳》，並即此書。」今按章氏疑《北堂書鈔》誤增「耆」字，僅從一端作說，或此書題名「志」字為「傳」字之訛，亦未可知。而王氏說純為懸揣之辭，考《藝文類聚》鳥部引《豫章舊志》曰：「太守李儀臨郡二年，白烏見於南昌。」祥瑞部曰：「太守孔竺臨郡三月，白雀出南宮。太守夏侯嵩臨郡六月，白雀見女羅。」皆志異事，言禨祥，不敘人物。若據《隋志》入雜傳而斷《豫章耆舊志》《豫章耆舊傳》並即熊氏《豫章舊志》，不足據信。《豫章耆舊志》《豫章耆舊傳》俱非正志，今不錄，謹附說於此。

〔晉〕豫章舊志後撰一卷

熊欣纂

晉修本　佚

《隋書‧經籍志》：《豫章舊志後撰》一卷熊欣撰。

姚振宗《隋書經籍志考證》。

王謨《豫章十代文獻略》卷二十八文苑：熊欣，豫章人，撰《豫章舊志後撰》一卷見《隋書經籍志》。按：謝《志》引南昌耆舊記，載熊默而不及欣。白志經籍，載欣此書作《豫章舊志後榷》，於義為長。

文廷式《補晉書藝文志》。

秦榮光《補晉書藝文志》。

吳士鑒《補晉書藝文志》。

《中國古方志考》。

《江西古志考》卷一：《豫章舊志後撰》晉，熊欣纂。按：是書題作《豫章舊志後撰》，當是續補《豫章舊志》。《豫章舊志》有徐整、熊默兩本，此《後撰》似為熊默志續補。姚振宗《隋志考證》曰：「晉元帝時有熊遠，豫章南昌人，默與欣殆亦郡人。」可備一說。

〔晉〕豫章記

張僧鑒纂張僧鑒，南陽人。

晉修本　佚

《文選》卷十六，賦江文通《別賦》注；卷二十二，詩江文通《從冠軍建平王登廬山香爐峰》注；引張僧鑒《豫章記》兩條。

《後漢書》志第二十二，《郡國志》，《豫章郡注》豫章郡、南昌、建城、海昏侯國，引《豫章記》四條。

章宗源《隋書經籍志考證》：《豫章記》卷亡，張僧鑒撰，不著錄。

姚振宗《隋書經籍志考證》：《豫章記》張僧鑒。

《江西古志考》卷一：《豫章記》晉，張僧鑒纂。按：《文選·別賦》注同條兩引《豫章記》，一題作雷次宗，一題作張僧鑒，俱記洪井鸞岡傳聞，文辭有異。（又江淹《從冠軍建平王登廬山香爐峰》詩注，亦引張僧鑒此條，則題作《豫州記》，此一「州」字係「章」字之誤，原當作《豫章記》。）《隋書經籍志》有張僧鑒《尋陽記》，無《豫章記》，此後著錄家亦不錄其《豫章記》，以至僧鑒獨以《尋陽記》名世，此書不顯。至章宗源《隋志考證》始據《文選》注補錄之。今考《藝文類聚》地部、《太平御覽》地部，均引雷次宗《豫章記》，其文與《文選·別賦》注引雷《記》「鸞岡」條異，卻同於張《記》，頗疑李善注誤將雷、張二人名氏互易。今姑仍《文選》注之舊，特志疑於此。又劉昭注《後漢書·郡國志》引《豫章記》四事，不係撰人，章宗源以為此即熊默《豫章舊志》，其說無據。按劉昭六朝梁人，所引《豫章記》必齊梁以前舊乘。晉宋間《豫章記》有著錄可稽者僅雷次宗、張僧鑒兩家，《後漢書》注所引究出何書已不可考，且暫係於張《記》，還俟識者辨之。

〔南朝宋〕江州記

劉澄之纂

南朝劉宋間修本　佚

《水經·贛水注》，引「劉澄之云」一條。

《初學記》卷五，地部，石書研，引劉澄之《江州記》一條。

《太平御覽》卷五十二，地部十七，石石穴，引劉澄之《江

州記》一條。

王謨《江西考古錄》卷一，郡邑贛；卷四，川澤章貢二水；引「劉澄之雲」二條。卷五，古跡蔡子池，引《江州記》一條。

章宗源《隋書經籍志考證》：《江州記》卷亡，劉澄之撰，不著錄。

陳述《補南齊書藝文志》：《江州志》卷無考，劉澄之撰。據《初學記》地部、《太平御覽》地部所引。今佚。

《中國古方志考》。

《江西古志考》卷一：《江州記》劉宋，劉澄之纂。按：《隋書·經籍志》有劉澄之《永初山川古今記》十二卷，無劉氏《江州記》。《初學記》地部引劉澄之《江州記》一條，《御覽》地部同，章宗源、陳述據以著錄。今檢《初學記》文部引劉澄之《宋永初山川古今記》，亦記興平縣石穴，其文與地部所引《江州記》同，似出自一書。姚振宗《隋志考證》以為劉氏《永初山川古今記》即《宋書·州郡志》所引《永初郡國志》，曰：「《宋書·州郡志序》言所據諸書，有《永初郡國》，故篇中時以為言。是書蓋總名《永初郡國記》，故《初學記》《御覽》引劉澄之《揚州記》《荊州記》《江州記》《豫州記》《梁州記》《廣州記》《交州記》，而本志亦別出《司州山川古今記》三卷，是皆書之篇目也。」今按，劉氏《永初山川古今記》與《永初郡國志》是否為一書，尚待佐證，姑置不論。然姚氏謂《初學記》《御覽》引劉澄之《江州記》《揚州記》等，係其《永初山川古今記》之篇目，頗有道理。若准此說，則《初學記》文部、地部所引，一稱是書總名《永初山川古今記》，一稱其篇目《江州記》，兩條原出一書，不當目為兩志。亦宜乎《隋志》只錄劉氏《永初山川古今記》，不別出《江州記》等另行著錄也。今姑仍章、陳二氏所錄，附說於此，以俟識

者論之。

〔南朝宋〕豫章記一卷

雷次宗纂雷次宗，字仲倫，南昌人，少入廬山，師事沙門釋慧遠，隱退不受征辟。元嘉十五年征（438）至都，於雞籠山開館聚徒教授。著有《毛詩序義》《五經要義》等。

劉宋間修本　佚

《水經‧贛水注》以水為名、繫風捕影，引雷次宗《豫章記》二條。

《文選》卷十六，賦江文通《別賦》注，引雷次宗《豫章記》一條。

《藝文類聚》卷六，地部，岡鸞岡；卷六十，軍器部，劍豐城寶劍；卷六十四，居住部石室；引雷次宗《豫章記》三條。

《初學記》卷二十二，武部，劍占氣、徹天，引雷次宗《豫章記》二條。

《太平御覽》卷五十三，地部十八，崗鸞崗；卷五十四，地部十九，嶺鶴嶺；卷六十七，地部三十二，池風雨池；卷一七〇，州郡部十六，吉州揚州刺史劉遵請置郡；卷三四四，兵部七十五，劍下龍淵太阿；卷九三四，鱗介部六，蛇吳猛殺蛇；卷八八六，妖異部二，精大蛇斷道；引雷次宗《豫章記》七條。

《太平寰宇記》卷一〇六，洪州風雨池、王喬壇、東湖、龍沙、椒丘城、昌邑城、許子將墓、建城縣；卷一〇七，饒州樂平縣；卷一一〇，吉州陶侃母墓；卷一一一，建昌軍建昌縣；引雷次宗《豫章記》十條。

《輿地紀勝》卷二十三，饒州，州沿革東漢揚州刺史請置郡；卷二十五，南康軍，縣沿革建昌縣，又景物下石姥宮；卷二十六，隆興府，風俗形勝南接五嶺、咽扼荊淮、地方千里、人多尚黃老、郡城灌嬰所築，又景物上東湖、鶴嶺、鸞崗，又景物下風雨山、風雨池，又古跡昌邑城；卷二十七，瑞州，縣沿革高安縣；卷二十九，撫州，古跡陶侃母墓；卷三十一，吉州，州沿革東漢靈帝末、獻帝時置廬陵郡；引雷次宗《豫章記》十八條。

《永樂大典》卷二二六二，六模，湖（豫章）東湖（《輿地紀勝》）；卷七九六三，十九庚，興隆興郡（黃山谷《建章錄》）；卷八〇九一，十九庚，城南昌府城（《豫章志》）；引雷次宗《豫章記》三條。

《明一統志》卷四十九，南昌府，風俗形勝士知尚儒、人尚清靜之教、地方千里、咽扼荊淮，引雷次宗《豫章記》四條。

王謨《江西考古錄》卷一，郡邑贛；卷二，土地上遼；引雷次宗《豫章記》二條。又卷七，物產稻，引「雷次宗云」一條。

王謨《豫章十代文獻略》卷三，聶友傳，引雷次宗《豫章記》一條，又雷《記》二條。

《隋書經籍志》：《豫章記》一卷雷次宗撰。

《唐書・藝文志》：《豫章記》一卷。

《太平御覽・經史圖書綱目》：雷次宗《豫章記》。

《江州志》《永樂大典》卷六六九七，十八陽，江，「九江府（文籍）」：雷次宗《豫章志》。

《通志・藝文略》：《豫章記》一卷雷次宗撰；又，《豫章記》三卷雷次宗撰。

章宗源《隋書經籍志考證》卷六：《豫章記》一卷《唐志》同。《宋志》稱《豫章古今記》三卷。（王象之《輿地碑目》言「《豫章古今志》見《隋志》」，然「古今」二字非《隋志》本有。）《藝文類聚·軍器部》載雷孔章為豐城令，得龍淵、太阿二劍（《御覽·兵部》同），《晉書·張華傳》即取資此《記》。然《水經·贛水注》引次宗言鸑岡鶴嶺，以舊說為繫風捕影之論（《文選·別賦注》亦引舊說，而不載次宗辨論），是次宗亦不專尚奇異也。《太平寰宇記》江南西道，「洪井」「風雨池」「洪州城大湖」「龍沙堆」「王喬壇」「椒丘城」「昌邑城」「許子將墓」「建城縣」「樂平縣」「吉州陶侃母墓」「建昌縣」共十二事，引次宗《豫章記》（其不著次宗名者不錄）。

姚振宗《隋書經籍志考證》。

秦榮光《補晉書藝文志》：《豫章記》一卷雷次宗撰。按：《宋藝文志》稱《豫章古今記》三卷。

聶崇岐《補宋書藝文志》。

《國史經籍志》卷三：《豫章記》三卷雷次宗。

王謨《豫章十代文獻略》。

光緒《江西通志》藝文略：《豫章記》一卷《隋書·經籍志》，雷次宗撰。謹按：《新唐書·藝文志》《通志藝文略》並有次宗《豫章記》一卷，又次宗《豫章記》三卷。《宋史·藝文志》作《豫章古今記》三卷。

《中國古方志考》。

《江西古志考》卷一：《豫章記》劉宋，雷次宗纂。按：劉宋雷次宗《豫章記》，《水經注》《文選》注、《藝文類聚》、《初學記》均有引錄，其後《太平御覽》《太平寰宇記》《輿地紀勝》等采摭尤多。今觀諸書之引文，有繁簡歧異者。如《類聚》軍器部、《初學記》武部、《御覽》兵

部，俱引雷《記》豐城寶劍故事，《御覽》則詳於《類聚》《初學記》，而《類聚》與《初學記》又稍有差異，蓋各書引錄時有所損益刪改。又《文選·別賦》注引雷次宗、張僧鑒《豫章記》，所引張氏《記》與《類聚》《御覽》之引雷《記》相同，疑《文選》注將「雷次宗」誤題作「張僧鑒」。（參見張僧鑒《豫章記》考。）另據《說郛》本《豫章古今記》魁俊部，雷次宗「元嘉六年撰《豫章記》」。不詳所據，謹錄以備考。

（豫章）舊經

佚名修纂

修纂年不詳　佚

《太平御覽》卷四十八，地部十三，山洪崖山（《豫章記》），引《舊經》一條。

《輿地紀勝》卷二十六，隆興府，景物上修水，引《舊經》一條。

《明一統志》卷四十九，南昌府，古跡富城廢縣，引《舊經》一條。

《中國古方志考》：《豫章舊圖經》佚。

《江西古志考》卷一：《（豫章）舊經》佚卷數、撰人。按：《御覽》「洪崖山」條錄佚名《豫章記》引《舊經》，考該《記》乃南朝陳時人所撰（參見佚名《豫章記》），所引《舊經》當早於是《記》。又海昏縣廢於劉宋元嘉二年，《紀勝》「修水」條曰「流六百三十里至海昏」，則是《舊經》又當早於元嘉二年。

〔梁〕江州記三卷

蕭繹纂蕭繹，字世誠，梁武帝第七子，封湘東王，鎮守江陵，後即位稱帝，是為元帝。承聖二年（553），西魏軍破江陵，被殺。

南朝蕭梁間修　佚

徐崇《補南北史藝文志》：《江州記》元帝撰，見《本紀》。《梁書》同。《隋書·經籍志》未收。

《中國古方志考》：《江州記》三卷梁，佚。梁蕭繹纂。按：《金樓子》五，著書篇：《江州記》一帙三卷。

《江西古志考》卷一。

〔陳〕豫章記

佚名修纂

南朝陳時修　佚

《藝文類聚》卷十，符命部，符命松陽門大樟樹，引《豫章記》一條。

《初學記》卷八，州郡部，江南道銅精、劍窟，引《豫章記》二條。

《太平御覽》卷三十二，時序部，九月九日龍沙；卷四十八，地部十三，山洪崖山；卷五十五，地部二十，窟神劍窟；卷六十六，地部三十一，湖擔石湖；卷七十四，地部三十九，沙龍沙；卷一七〇，州郡部十六，洪州太康中望氣者云；卷一八三，居處部十一，門豫章六門；卷一八九，居處部十七，井洪井；卷一九四，居處部二十二，亭白杜亭；卷五五二，禮儀部三十一，槨楊柳槨；卷五五六，禮儀部三十五，葬送許子將墓；卷七七一，

舟部四，牂柯轟友伐梓；卷八三一，資產部一，田磐石良田；卷八七一，火部四，炭石炭；卷九五三，木部二，松徐孺子墓松；卷九五七，木部六，豫章轟友梓；卷九五九，木部七，梓松陽門梓；卷九三〇，鱗介部二，龍下二龍負船；引《豫章記》十八條。

《太平寰宇記》卷一〇六，洪州地方千里、灌嬰所築城、豫章六門、鶴嶺、風雨山、故豐城，引《豫章記》六條。

《輿地紀勝》卷二十五，南康軍，風俗形勝風土爽塏；卷二十六，隆興府，風俗形勝奧區神皋、赤氣見於牛門之間；景物上龍沙、豫章；古跡椒丘城、古豐城；四六嘉蔬精稻；卷二十七，瑞州，景物上龍岡、荷山、米山；景物下白象山、鐘口山；引《豫章記》十三條。

《永樂大典》卷三五二七，九真，門豫章六門；卷七九六二，十九庚，興隆興郡（黃山谷《建章錄》注）；卷八〇九一，十九庚，城椒丘城（《豫章記》)）；引《豫章記》三條。

《明一統志》卷五十二，南康府，古跡昌邑城；卷五十七，瑞州，山川荷山、米山；卷四十九，南昌府，山川葛仙山；引《豫章記》四條。

王謨《江西考古錄》卷二，土地南浦；卷三，山阜昌邑山、大庾嶺；卷五，古跡洪崖井；卷六，塚墓轟友墓；卷七，物產豫章、石炭、稻（二條）、鐘乳；卷八，故事牂柯、青石；卷九，神異賈萌廟；引《豫章記》十三條。

王謨《豫章十代文獻略》卷二十三，孝友張披；卷四十二，寓賢許子將；引《豫章記》二條。

王仁俊《玉函山房輯佚書補編》，引《豫章記》（松陽門梓）

一條。

　　《江西古志考》卷一：《豫章記》佚卷數、撰人。未見著錄。
按：此書撰人不詳，或以為即雷次宗《豫章記》，非是。二《記》輯文有
同敘一人一事者，如《寰宇記》有雷《記》「椒丘城」，《紀勝》與《大典》
並有佚名《記》「椒丘城」條；《寰宇記》有雷《記》「龍沙」條，《御覽》《紀
勝》並有佚名《記》「龍沙」條；如此之例不下十數。細審同目諸條文字，
同為一《記》則大體不爽，二《記》之間則陣伍森然，不相雜廁。可見二
《記》各源淵有自，諸書所引雖可能遞相轉述，但署名與否殆非憑臆為
之。又，《初學記》州郡部「銅精」條引佚名《豫章記》：「西山周回三百
里，此山時有夜光，遠望如火。《輿地志》曰：此為銅之精光也。」觀上
下文意，此處《輿地志》當是原《記》所引，據此推之，是書當晚出於顧
野王《輿地志》。另據《御覽》禮儀部「楊柳塚」條「艾縣有一塚」，考諸
沿革，艾縣漢屬豫章郡，南朝梁、陳時屬豫寧郡，隋開皇九年省入建昌
縣，知是《記》撰年下限又不超出隋開皇九年。佚名氏《豫章記》修於何
時雖未可確考，今推略其成書於南朝陳時，當無大誤也。又諸書所引佚名
《記》，間有文辭微異者，蓋轉相傳抄使然，其中或有出自張僧鑒、雷次宗
《豫章記》者，今不遑一一條辨矣。

〔唐〕續豫章記

　　董慎纂

　　唐修本　佚

　　王謨《豫章十代文獻略》。

　　光緒《江西通志》藝文略：《續豫章記》《雲仙雜記》，董慎撰。

《豫章十代文獻略》云：馮贄《雲仙雜記》引董慎《續豫章記》凡二條。

一載王鄰隱西山事，詳隱逸傳；一云陳蕃待客，拌飯以鹿脯苊羹，以牛脯未嘗別為異饌：皆軼事也。他書絕少稱引，亦不載此書目，識者疑其贗作，亦未可知。然董慎事蹟別見《太平廣記》，即不詳何許人，要不得謂之子虛矣。

《江西古志考》卷一。

〔宋〕江西諸郡圖經

佚名修纂

宋修本　佚

《遂初堂書目》地理類：《江西諸郡圖經》。

《中國古方志考》。

《江西古志考》卷一。

〔宋〕江西圖經

謝源纂謝源，字資深，臨川人，紹興三十年進士，授建昌軍學教授，改江州州學，復改南昌縣丞，再調邵武丞，其詩秀潤和雅，有《空齋詩稿》。

宋修本　佚

光緒《江西通志・藝文略》：《江西圖經》朱子撰《謝源墓誌》：源修《江西圖經》。

《中國古方志考》：《江西圖經》宋，佚。宋謝源纂。按：晦庵先生《朱文公文集》卷九十一《邵武縣丞謝君墓碣銘》：源字資深，始以進士得官為文林郎，邵武軍邵武縣丞，建昌軍教授，調隆興府南昌丞。會李侍郎仁甫將漕江西，披輯舊聞，以修江西一路圖經，於官屬中獨以資深為

可與於此者，又與諸使者共薦之。

《江西古志考》卷一。

江西志

佚名修纂

修纂年不詳　佚

《永樂大典》卷八二六九，十九庚，銘三住銘，引《江西志》一條。

《江西古志考》卷一：《江西志》佚卷數、撰人。未見著錄。按：《大典》引《江西志》一條，記唐施肩吾事。肩吾，字希聖，元和十年進士，後隱居洪州西山，世稱華陽真人。又，唐置江南西道，省稱為江西道，治洪州。宋先置江南路，後分東西路，江南西路省稱江西路，亦治洪州。舊乘以「江西」名書者，唐時未聞，宋有《江西諸郡圖經》，題名與本志異。《千頃堂書目》錄有明王宗沐《江西省大志》、姜鴻緒《江西省志》，俱修於明永樂以後，亦非本志。疑是志原名非《江西志》，或《大典》採錄時有所省易，文獻不足徵，姑仍《大典》所引之舊。

〔嘉靖〕江西通志三十七卷

林庭　周廣修林庭，字利瞻，福建閩縣人，弘治十二年進士，嘉靖二年八月任江西布政司右參政。　周廣，字充之，直隸太倉州人，弘治十八年進士，嘉靖元年任江西按察司副使。

明嘉靖四年（1525）刻本　闕

明嘉靖中續修刻本　存

《千頃堂書目》卷七：林庭《江西通志》三十七卷。

《明史藝文志》。

《四庫全書總目提要》史部存目：嘉靖《江西通志》三十七卷明林庭、周廣同撰。庭字利瞻，閩縣人，弘治己未進士，官至工部尚書，諡康懿，事蹟附見《明史·林瀚傳》。廣字充之，昆山人，宏治乙丑進士，官至南京刑部右侍郎，事蹟具《明史》本傳。是編乃嘉靖中庭官江西布政司參政、廣官按察司副使時作。凡藩省志三卷，諸府志三十四卷，藩省志分十二門，諸府志分二十七門，體例略同他志。惟奸宄一門仿諸史奸臣、酷吏傳例，以示鑒戒，獨為小異。史載廣在正德中以劾錢寧獲罪幾死，又載其平生嚴冷無笑容，巡撫江西，墨吏皆望風而去。其嫉惡之嚴，可以想見。此門其廣所創意歟。

光緒《江西通志》藝文略。

《中國地方志聯合目錄》：嘉靖《江西通志》三十七卷明林庭修，周廣纂。明嘉靖四年刻本。注：日本尊經閣文庫藏本有補刻，《秩官志》記載至嘉靖三十五年。

陳光貽《稀見地方志提要》卷九。

陳洪謨序國家大一統之盛，文學掌故之臣各司其職，金匱石室之所藏，可與墳典爭光者具在也。今之藩省當古列侯，而亦務為志者，正以備國史之採錄，庶幾有以合其大而無餘，非有所私也。江西為郡十三，為縣無慮數十。縣有志征於一縣，郡有志征於一郡，要之不能以相通，而亦不必其皆有也。缺一方是缺一典。今使十數郡之中缺一郡，則省無備籍。十數省之中缺一省，天下無完文矣。通志之不可無也如此。況流光易邁，恒性健忘，倏忽之間，遂成陳跡。通都大眾之中，求之數年之前，十已遺其四五。窮鄉下邑，學士大夫之所罕及，而欲取證於數年之前，其所遺亦多矣。志之修之不可後也又如此。宦遊才雋，非無班馬之儔，何謙讓而未

遑。太平玉燭，非無逸豫之歲，何玩愒而莫舉。人之與時，固相待而有者也。嗚呼，百家埤雅者流，紛紛棟宇，視為疣物。而記載之書，世續如縷，亦有不得已焉者也。譬諸未邦之器，一日不制，則生民之用廢。為政君子所賴以維持王化而鼓舞世風者，不容無此具也。盛公偉略，適時雍容樽俎，惟能知所崇尚。二君博古能文，數閱成書。而發凡立例，得諸專經世學為多。若可雄視一時者矣。不是充之天府，布之人間，咀英而涉其涯，謂為有所資益，而因時以興起者，其不在茲也歟。（嘉靖四年二月既望）

　　【按】此志有嘉靖四年原刻及嘉靖中（約嘉靖三十五年）續刻本。《中國地方志聯合目錄》載原刻本北京圖書館有殘本（存卷八至十三、卷三十、卷三十一）及膠捲，江西省圖書館有完帙。今見北圖一九八八年攝製縮微膠捲，僅存卷二十及卷二十一（撫州府）兩卷。據目錄，此志卷十八至二十一為撫州府，此卷二十為「科目」門，記事至「嘉靖二年癸未姚淶榜」四名；卷二十一為「人物」門，其中有缺頁。江西省圖所藏實為續刻本，《江西省圖書館古籍善本書目》（1982 年版）誤為嘉靖四年原刻，《聯合目錄》遂襲其誤。陳光貽《稀見地方志提要》據上海徐家匯藏書樓藏四年原刻本著錄，此本是否完帙，今未能目驗，陳氏書亦未記其詳。今所見續刻本有江西省圖藏本及臺灣成文出版社一九八九年《中國方志叢書》影印本兩種，二者除書首地圖，省圖本為《江西會城之圖》，成文本為《江西地□□圖》，其餘無異。成文本是否據日本尊經閣藏本影印，未見說明。此續刻本書頁，有用原刻板片重印者，此類最多；有原板片已毀缺，重為補刊者；有續四年之後事新刊者。悉心勘比，此三者可一一

判明。此書原刻每半頁九行，行二十字（注文字小，但間隔較寬，亦二十字），四同雙邊，單行界，上下黑魚尾，魚尾外勾單線，上下魚尾間有頁碼，版心下方有寫刻人題款。補刊、續刊魚尾外多無勾邊線，多無寫刻人名氏，續刊頁碼作「又某頁」。續刻本較原刻本內容有續增者為卷二藩省「秩官」及卷五南昌府「秩官」，其餘均仍原刻。卷五最後記事為「知縣吳瓊，嘉靖十七年七月十七日到任」。卷二記事至「按察使宋淳，嘉靖三十五年（1556）四月到任。寇陽（下無文字）」；又「按察副使王宗沐，嘉靖三十五年四月到任」。寇陽至任年月後志未見記載，大約亦在三十五年。頗疑此續刻本為王宗沐修《江西大志》時所為，故初定為嘉靖三十五年刻，或無大誤。此志卷一至卷三藩省，卷四至卷七南昌府，卷八卷九饒州府，卷十卷十一廣信府，卷十二卷十三南康府，卷十四卷十五九江府，卷十六卷十七建昌府，卷十八至卷二十一撫州府，卷二十二卷二十三臨江府，卷二十四至卷二十九吉安府，卷三十卷三十一瑞州府，卷三十二卷三十三袁州府，卷三十四卷三十五贛州府，卷三十六卷三十七南安府。藩省分十三門（《四庫提要》曰十二門）：建置沿革、形勝、城池、戶口、田賦、藩封、兵政、公署、貢院、祠廟、秩官、名宦、奸宄。諸府分三十門（《四庫提要》曰二十七門）：建置沿革、郡名、山川、形勝、風俗、城池、戶口、田賦、土產、藩封、恤典、兵政、公署、學校、書院、宮室、關梁、驛郵、祠廟、壇壝、祥異、陵墓、古跡、秩官、名宦、流寓、科目、人物、列女、奸宄。志中又有「外志（寺觀、仙釋）」門，不入目錄。據本志凡例，此志綱領悉遵《大明一統志》，但記載稍加詳

焉。凡例又曰：「史記有奸臣、酷吏之傳，今志仿古史也，凡奸宄不臣及貪酷顯著者皆據跡直書，以垂永戒。」今檢全書，奸宄門唯藩省及饒州、南康、建昌、臨江四府共錄十三人，其餘各府闕如。又此十三人中，有十二人為朱宸豪逆藩首惡及從黨，僅饒州府錄宋代夏貴作惡鄉里，為與此案無關者。此志之成，上距宸濠伏誅不數年，奸宄一門蓋專為叛藩一案而設。又此志除卷一之前有會省圖外，於各府之前均繪有本府輿地圖，於山川道里亦粗具規模。《稀見地方志提要》稱是志「文簡事核，釐然有序」，殆非虛譽。

〔嘉靖〕江西省大志七卷

王宗沐修王宗沐，字新甫，浙江臨海人，嘉靖二十三年進士，三十五年四月擢江西按察副使，升按察使，至右布政使，著有《海運祥考》《敬所文集》等。

明嘉靖間刻本　存

光緒《江西通志》藝文略：《江西大志》七卷《天一閣書目》：嘉靖三十五年王宗沐撰。

《中國地方志聯合目錄》：《江西省大志》七卷明嘉靖三十五年刻本，又民國抄本。

陳光貽《稀見地方志提要》卷九：江西省大志七卷明嘉靖間刊本（北京圖書館藏）。

【按】光緒《江西通志》引《天一閣書目》，謂此志嘉靖三十五年王宗沐撰，《千頃堂書目》一本曰「嘉靖丙辰修」，《聯合目錄》錄為三十五年刻本。陳氏《稀見地方志提要》錄作嘉靖間

刊本，曰：「此志為宗沐督學江西時，采其俗產、山川、賦役諸事，札留篋中，後三年移參藩政，復為編纂成帙，而付梓焉。」考宗沐之任按察副使督學江省，時為嘉靖三十五年四月。擢任江西右布政，其年月後志均未見載詳，以「後三年移參藩政」考之，時當在三十八年。又此書中屢見「江西晏安四十年」字樣，以朱宸濠叛案敉平之正德十五年下推四十載，當為嘉靖三十九年前後。又檢書中記有三十八年事，一見於藩書（淮、益二藩府並弋陽各府郡王、將軍、妃嬪等三十八年歲支祿米銀數額），一見於陶書（三十八年御供品種數額）。由是知此志成書當不早於嘉靖三十八年，《聯合目錄》誤。王宗沐自序曰：「大志，志大者也，故名曰《大志》。」書凡七卷，卷各一類，曰賦書、均書、藩書、溉書、實書、險書、陶書。賦書分八款記全省各府州縣田賦稅額；均書分記各地均徭數額；藩書記各藩世系及祿米數額；溉書分源、堤、塘記各縣水利設施；實書分伍、屯二款，分記全省各衛官軍食糧本折數及軍屯子粒額數，並記歷代兵事；險書志各地山川險隘厄塞及城池營寨；陶書分建置、砂土、人夫、設官、回青、窯制、供億、匠役、柴料、顏色、解運、御供等十二款記景德鎮陶瓷業諸事。每卷之末有「臬史氏曰」，評述所記事類源流利害。此書體例與他志殊異，所記皆有關一省大政，於官守治政尤為切要。《稀見地方志提要》曰：其書所記江西一省之大事皆備，皆為見聞筆錄，摭采於舊籍者極少，《陶志》一篇，記陶廠規模及管理事宜甚詳。

〔萬曆〕饒南九三府圖說一卷

　　王世懋修王世懋，字敬美，太倉州人，嘉靖三十八年進士，授南京禮部主事，遷尚寶司丞，萬曆初任江西左參議，進副使，累官南京太常寺少卿，著有《王奉常集》。

　　明萬曆十三年（1585）《王奉常雜著》刻本　存

　　明萬曆四十五年（1617）《紀錄彙編》刻本　存

　　民國二十六年（1937）《叢書集成初編》影印《紀錄彙編》本　存

　　《千頃堂書目》卷七。

　　《明史藝文志》。

　　《四庫全書總目提要》史部存目：《三郡圖說》一卷明王世懋撰。世懋有《卻金傳》，已著錄。是編乃其官分守九江道時所作。三郡者，一饒州，二南康，三九江，皆所隸也。凡地之沖僻、俗之澆淳、民之利病，皆撮其大端，而不以山川古跡、登臨題詠為重，蓋猶有古輿圖之遺法。末有世懋自跋，稱直指使者東萊趙公命郡縣長吏圖其地境，而係說於圖後，既而以所說失實，屬世懋改定之，故以圖說為名，而不具其圖云。

　　王世懋跋直指使者代天子省方，以輿地觀民風，以繁簡稽吏治，職也。今使者東萊趙公，皂蓋所至，必命其郡縣長吏圖其地境，而係說於圖後，以稽其繁簡衝僻難易。饒、南、九三郡，世懋所轄也，圖上公，以郡縣吏各自鳴，多失實，或枝蔓不切，令世懋得以意自損益焉，且曰：務簡而明。夫簡則難盡，明則易長。簡而明，此良史才也，而世懋非其任也。業已承委，輒不自量，詮次簡擇，大都自經界形勝而外，略見其繁簡衝僻，以示難易。誤者正之，浮者汰之，間有未備，輒附臆見，其毋乃損之而更襲之乎，要曰公采互觀，較長絜短，比於當局之見，差為實錄云耳。

若乃循良握篆，可使榛枳為康莊；庸壬當途，或變鶆鷟為鷗鵬。盤根錯節，實資利器；晏安鴆毒，祗足懷居。此又在人，不在地之說，庸可以故紙關成敗乎。蓋說成，而僭書所管窺如此。

【按】此書《叢書集成初編》影印《紀錄彙編》本作《饒南九三府圖說》，《四庫存目》作《三郡圖說》，世懋跋文則作《三郡地圖說・跋》，各不相同。王世懋，民國《太倉州志》曰「參議江西，明年進副使，理驛傳」，康熙于成龍《江西通志》錄為萬曆間左參議，光緒《江西通志》則作「（隆慶）副使升左參議，分守南康」，說亦互歧。據王跋，此書承直指使者趙公之命而作。陳光貽《稀見地方志提要》稱此書為布政使徐中行命纂，曰：「此編世懋官九江道時，因江西布政使徐中行命纂道志而作。時九江道領轄饒州、南康、九江三府，故名《三郡圖說》，一名《饒南九三府圖說》。此編記饒、南、九三府之衝要僻俗之境，為明代記一道之志僅存之書。此編未成，而江西右布政使徐中行轉任左使與世懋同城而治。嘉靖時嚴嵩專權，殺楊繼盛等，中行與吳國倫葬繼盛。嚴嵩敗，以為二人與嵩有連，而徐、吳二人為當世才子，朝議謫其官，故中行以江西右使轉左使，而宗室有鬥者，各發其陰事，至是中行親草爰書，即據案而暝，時萬曆戊寅十月十三日，卒年六十二歲。世懋久與中行友善，為經濟其喪，收集其遺稿，歸葬中行於長興，仍以布政使禮葬也，長興縣署刊其遺稿，為《天目先生集》。此編故當時未有刊行，而刊之於世懋自著之《王奉常雜著》中，故未見於著錄。此編實為官修之道志，世懋仿古圖經之例。書後有世懋跋云：『令郡縣長吏圖其地境，而略說於圖後。』於跋可知為奉藩命而修之志也。」

〔萬曆〕江西省大志八卷

陸萬垓修陸萬垓，字無畦，平湖人，隆慶二年進士，授福寧知州，升刑部員外郎，累遷巡撫江西右僉都御史，卒於官。

明萬曆二十五年（1597）刻本　存

《千頃堂書目》卷七：王宗沐《江西大志》八卷。

《明史藝文志》：王宗沐《江西大志》八卷。

《中國地方志聯合目錄》。

夏良心序大中丞陸公填撫豫章之三年，取故司空王公長臬時所為《大志》覆核定之，將以懸國門而昭劃一。不佞幸奉周旋，手一編卒業，乃未嘗不歎公之忠計深也……歲漕粟百萬實兩都，而他貢額不與焉，亦天府也，賦可弗稽乎，於是有賦書。田出租，身出庸，脛毛喻於勞薪，而膏髓同之竭澤，憚人可息矣，夫疇敢告勞者乎，於是有均書。削桐列社，乃宅奧區，建三大支於此，潯夷蒼阜，法試昭矣，於是有藩書。群墾競趨，是堤是瀦，涓涓不絕，民並賴之，此詎僅僅桔橰能哉，於是有溉書。五材並用，兵從來矣，大者城聚，小者干，固以輯我藩籬，抑亦虞其庚癸，於是有實書。固國捍圉，寧維百雉，天運地施，崇關匪喻，此亦所為金城乎，於是有險書。匏樽既月邀，乃範乃型，孰前民用，而鄱湖芝山之間，厥施遠矣，於是有陶書。是七書者，悉司空舊章，今不無稍稍庚置，公一釐正而益損之，要於備物，毋務薪同。而猶念好時之功，倍萬結繩，雲藍鵠白，實繁斯土，奈何擯而弗錄，故作楮書終焉。然後司空之意得公益章，凡茲十三郡方數千里之民故物宜，紛紛藉藉者，一披閱而竟矣，嗣至者因為修暇葺敝，豈患無征。（萬曆丁酉季夏月）

【按】此志乃就王宗沐所修七卷本《大志》損益覆核而成。二書相較，此志不特增《楮書》一卷，又於前七書之體例、內容

多所釐正，且增以嘉靖已未之後事。賦書，王志列為八款，以戶口、里甲之類皆予編入，而田地山塘稅糧總額不與焉；陸志以稅糧總額入賦書，而戶口里甲併入均書，俾賦與役分析犁然。溉書，王志多有遺缺，陸書據郡縣志增潤之；又王書所載圩塘，一鄉只記一圩或一塘，似乎舉一廢百，陸志則具列各鄉圩塘數，庶不至煩屑，且各地水利盡在書中。以下實書、險書、陶書諸篇，陸志於舊本均有較多增補。又楮書一卷，為王志所無，陸氏以「信州之楮列在方物與陶均，而楮弊孔尤十倍陶」，故增此一篇，分建置、匠役、委官、槽制、材料、顏色、料價、解運、御用、本省諸款，記信州造紙業諸事，務極精詳。

〔萬曆〕江西輿地圖說一卷

趙秉忠纂

明萬曆四十五年（1617）《紀錄彙編》刻本　存

民國二十六年（1937）《叢書集成初編》影印《紀錄彙編》本　存

《千頃堂書目》卷七：趙秉忠《江西輿地圖說》一卷。

《明史藝文志》。

【按】是書體例與王世懋《饒南九三府圖說》同，唯王書於每縣僅標衝僻、繁簡二項，此書則增標民風一項，或淳，或悍，或刁。是書題曰「江西」，實不含饒州、南康、九江三府，須合王書共觀，方為完璧。蓋各郡縣以圖及說呈於省，世懋分守九江道，乃就其所轄三府釐正之，其餘各郡則秉忠為之。此書無序跋，秉忠事蹟亦不詳，唯據本書有瀘溪（今資溪）縣，乃建縣於

萬曆六年，知此書當成於是年之後。

〔萬曆〕江西省志

姜鴻緒纂姜鴻緒，字耀先，人稱鯤溟先生，江西臨川人，巡撫夏良心薦以明經出身，辭不受，徵修《萬曆河渠志》，著有《莫釣蘭言》《大學古義》等。

明萬曆間修本　佚

《千頃堂書目》卷七：姜鴻緒《江西省志》。

【按】此志《千頃堂書目》卷七地理類錄之，置於王宗沐《江西大志》之後。《明史藝文志》未見著錄。今據康熙胡亦堂《臨川縣志》卷二十一名賢《姜鴻緒傳》：「姜鴻緒字耀先，早孤，事母以孝，與帥惟審、湯義仍結社里中，而質修身為本之學，徵修《萬曆河渠志》，又徵修《三吳水利考》《長橋志》《榆關志》《江西省志》《安義縣志》。巡撫夏良心疏薦於朝，下禮部以明經出身，辭不受。所纂述有《大學古義》《中庸抉微》等集，所著則有《莫釣蘭言》《賴霞館石樓洞稿》，學者稱為鯤溟先生。」考夏良心由左布政遷任巡撫，時在萬曆十七年，推略此書撰年當不出神宗朝，其餘則無可考。

〔萬曆〕豫章書一百二十二卷

郭子章纂郭子章，字相奎，泰各人，隆慶五年（1571）進士，授建寧府推官，督學四川，歷浙江參政、山西按察使，升湖廣、福建布政使，以副都御使巡撫貴州，敘功加太子少保、兵部尚書，著有《玭衣生易解》等。

明萬曆年間刻本　未見

《千頃堂書目》卷七：郭子章《豫章大記》一百六十卷。

《四庫全書總目提要》史部存目：《豫章書》一百二十二卷郭子章撰。是書蓋江西之總志，全用史體為之，分大記二十卷、志二十二卷、表十卷、事紀二卷、列傳六十八卷，前無序，而有總目。其總目以為列傳六十六卷，刊本誤也。其體例本諸《華陽國志》，然冗雜太甚，去常璩所撰遠矣。

道光《吉安府志》藝文書目：《豫章書》一百二十六卷郭子章撰。

郭子章《豫章大記》序文武之道未墜於地，在人。賢者識其大者，太史公《年表》有大事記，宋呂東萊作《古今大事記》，鄭端簡作《明大政記》，皆識大者也。讀《左》《國》而知《春秋》大矣，讀二十一史而知《通鑒綱目》大矣。予豫章固牛蹄蝸角之國也，上下數千年，豈無其大者。子章撮而書之，作《豫章大記》。

【按】是書歷修府縣志均有著錄，然卷帙每異，今從《四庫總目》錄之。光緒《泰和縣志》卷十七郭子章傳，錄《願學集》所載鄒元標《贈郭公榮壽奏續序》文，此文作於萬曆三十年壬寅孟春子章六十初度，由此推之，子章當誕於嘉靖二十二年。又據白潢《西江志》，郭書之《大記》記事至萬曆三十四年丙午。由此推之，其成書不早於是年，且最晚不得出於神宗朝。

〔康熙〕江西通志五十四卷

于成龍　張所志　安世鼎修　杜果等纂于成龍，字北溟，山西永寧人，康熙二十一年來任兩江總督。　張所志，字淡明，遼東遼陽漢

軍正黃旗人，貢士，江西布政司左布政使，康熙二十一年任。　安世鼎，字鑄九，遼東廣寧人，貢士，江西巡撫都御使，康熙二十二年任。　杜果，字登聖，新建人，順治四年進士，山東濟寧兵河道按察司副使。

清康熙二十二年（1683）刻本　存

光緒《江西通志》藝文略：《江西通志》五十四卷康熙二十二年巡撫安世鼎修。謹按：安志未修之前，康熙十二年巡撫董衛國修之，值逆藩變中止。

《中國地方志聯合目錄》。

于成龍序辛酉冬，臣成龍蒙皇上簡命總督兩江，以明年壬戌夏抵任。又明年癸亥，禮部奉旨督催各省通志……於是發凡起例，定為程式，移檄江西布政司兼攝撫臣事臣張所志，諏日設局，羅致文獻，捃摭裒輯，鱗次櫛比，務期典核。凡閱十旬，臣所志錄稿本授臣。臣又與江西新任撫臣安世鼎為之鉤稽考核，芟繁補缺，薈為成書，剞劂進呈。（康熙二十二年仲冬）

【按】據本志凡例及張所志序，康熙十二年，總督董衛國、左布政使劉楗，曾奉檄修志，工未及半，中輟散逸。康熙《西江志》錄該志纂人文德翼序：「十三郡故有通志，明嘉靖時所訂業百年於茲矣。大中丞董公暨方伯劉公慨然修舉，延覽縉紳謦髦集於求賢之堂，而繆施敬於枯株朽木，得廁名於其際分……然才多生讓，事煩啟辭，勸觴莫先，築室難定，乃請於劉公曰：盍各為一則乎，專則易任，分則易成。公諾之。餘圖而得流寓、隱逸、仙釋、方技四則，殫九十宵旦，乃獲成冊。蓋一賢而八九引，重為寓公；一賢而八九引，重為真隱；一仙釋而處處現身，庭庭說

法；一方一技而無地不掛名，無方不著效。蓋必綜其實跡，考定其方，庶不致混淆貿亂耳……」當時纂者各分任數則，文氏所擔四則業已成稿，其餘則未詳。於志閱十旬而成，前修志稿當有以資取焉。本志卷一圖考（《江西郡縣圖》、《江西一十三府一州總圖》、各府圖、《西山之圖》、《滕王閣章江圖》、《廬山之圖》、《彭蠡之圖》、《龍虎山圖》，凡圖二十幀），卷二卷三建置沿革，卷四星野（祥異附），卷五疆域（形勢、封爵附），卷六卷七山川，卷八津梁、風俗（物產附），卷九城池、兵禦（驛鹽、漕運、關稅附），卷十卷十一水利，卷十二戶口（田賦蠲恤附），卷十三卷十四職官，卷十五公署（學校、書院、貢院附），卷十六至二十三選舉，卷二十四祠祀（丘墓附），卷二十五古跡（寺觀附），卷二十六至二十八名宦，卷二十九至三十七人物，卷三十八孝義，卷三十九列女，卷四十流寓，卷四十一隱逸，卷四十二仙釋，卷四十三方伎，卷四十四至五十四藝文。康熙《西江志》石文焯序曰：「今上二十二年，巡撫臣安世鼎因於舊志，益以新聞，其志十三郡，命意亦深，而舛錯間有，殆掭管者之難其人也。」

〔康熙〕西江志二百零六卷

白潢修　查慎行等纂白潢，字近薇，奉天蓋平人，歲貢，江西巡撫都御史，康熙五十六年來任，五十九年升戶部侍郎，旋擢兵部尚書。　　查慎行，字初白，號悔餘，海寧人，康熙四十二進士，官翰林院編修，著有《敬業堂集》等。

　　清康熙六十年（1721）刻本　存

光緒《江西通志》《藝文略》：《江西通志》二百六卷康熙五十九年巡撫白潢監修。

《清史稿‧藝文志》：《江西通志》二百六卷白潢等修。

《美國國會圖書館藏中國方志目錄》：《西江志》二百六卷清白潢修，查慎行纂。康熙五十九年刻本。

《中國地方志聯合目錄》：《西江志》二百零六卷圖一卷清白潢修，查慎行等纂。清康熙五十九年刻本。

白潢序顧自勝國以還，紀乘之書率就湮沒，傳者惟林廷《通志》、王宗沐《大志》、郭子章《豫章記》而已。本朝康熙癸丑，曾奉修志之檄，繼值逆藩變亂，遂爾中輟……癸亥三月，覆命直省各進通志。於時前撫臣安世鼎開局編校，刊刻進呈。爾來垂四十年矣，潢以匪材，謬膺簡命，來撫是邦。政事之暇，披閱前志，似有不愜於懷者。乃薈萃十三郡七十餘州縣之新舊志及先賢子孫所藏家乘，與二三友人再加編纂，竊嘗反復尋繹，而歎茲役之匪易易也。（康熙五十九年八月）

王企埥序今大司馬臣白潢，前以右副都御史巡撫江右……爰取舊志重加纂輯，發凡起例，自出心裁，殘者修之，缺者補之，失次者釐定之，詞贍事該，詳略惟允……纂輯甫竣，奉特簡為少司農，旋晉大司馬。辛丑之冬，以其書付剞劂氏，征言於企埥。狠以譾劣，獲附後塵，追步前徽，瞠乎莫逮，手是編而三複焉……

【按】是志版心、各卷卷端及諸序、目錄、凡例、纂修姓氏等處均題作「西江志」，無作「江西通志」者，光緒《通志》《清史稿藝文志》等錄作「江西通志」，非是。此志乃巡撫白潢所修。白氏於康熙五十九年升戶部侍郎去，其時此志「纂輯甫竣」，白序自署為是年八月。繼任巡撫王企埥以付剞劂，時為辛

丑（康熙六十年）之冬。王序未署年月，此書刻竣於何時，王氏亦未言其詳。朱士嘉《國會志目》及《聯合目錄》作五十九年刻本，均誤。又此志目錄之後有《繪圖》二十七幅，較於志多出《會城圖》《豫章書院圖》《白鹿書院圖》《鵝湖書院圖》《百花洲圖》《秀峰寺圖》《瞻雲寺圖》等七圖，《繪圖》與諸序、凡例等並置書首，不入卷數，《聯合目錄》作「圖一卷」，亦誤。是書卷一星野，卷二卷三沿革，卷四形勝，卷五卷六城池（疆域附），卷七至十三山川，卷十四至十六水利，卷十七卷十八學校，卷十九卷二十公署，卷二十一卷二十二書院，卷二十三至二十五田賦，卷二十六風俗，卷二十七土產，卷二十八兵衛（漕運附），卷二十九至三十三武事，卷三十四關津（橋樑附），卷三十五至三十七驛鹽，卷三十八至四十二古跡，卷四十三至四十五封爵，卷四十六至五十三科目，卷五十四至五十六秩官，卷五十七至六十五名宦，卷六十六至九十四人物，卷九十五卷九十六寓賢，卷九十七至一百二列女，卷一百三至一百五仙釋，卷一百六方技，卷一百七祥異，卷一百八卷一百九祠廟，卷一百十丘墓，卷一百十一至一百十三寺觀，卷一百十四至一百十六經籍，卷一百十七至二百三藝文，卷二百四至二百六雜記。是書編制宏巨，搜羅極富，門類亦極詳備，不惟風俗、土產專設門目，武事、經籍二志尤為有見。王宗沐《江西大志》之「實書」，所錄即歷代兵戰事，然漏略者多，後先舛錯；郭子章《豫章大記》差能核實，然所記僅至萬曆丙午（1606）。白書之武事志，上起周景王九年（魯昭公六年，西元前536），下迄清康熙十九年（1680），兩千餘年江右武事，以編年體例錄之，足堪垂鑒。又經籍志三

卷，為嘉靖林志以來各通志所無者，分經、史、子、集、雜五類，網羅江右歷代著述，江西省志之有「書目」，實以此志始。經類下複分周易、尚書、毛詩、春秋三傳、三禮、樂書、諸經、孝經、論語、大學中庸、孟子、四書、性理語錄（附）諸小類，史類複分為正史、編年、別史、制敕、奏議、傳記諸小類，雜類複分為地志、類書、說部、禮儀、政刑、兵家書、職官科目、講義家訓、孝悌書、小學、文選、詩詞選、詩話、書目、姓譜、方技書、仙釋書諸小類，分析之密，收羅之豐，皆堪為後志典範。又藝文志八十七卷，於前人各體詩文廣為搜羅，凡有關政教及諸名勝寓公之作必錄。《四庫全書總目提要》曰：「康熙五十九年，巡撫白潢又增修之，名曰《西江志》，其體例條目雖多本諸舊志，而廣搜博訪，訂舛正訛，在地記之中號為善本。」

〔雍正〕江西通志一百六十二卷首三卷

謝旻修　陶成　惲鶴生纂謝旻，字肅齋，江南武進人，雍正七年乙太常寺卿署江西巡撫，八年實授。　陶成，南城人，康熙四十八年進士，翰林院檢討。　惲鶴生，武進人，康熙四十七舉人，揀選知縣。

清雍正十年（1732）刻本　存

《四庫全書總目提要》卷六八：《江西通志》一百六十二卷國朝江西巡撫都察院右副都御史謝旻等監修。江西省志創於明嘉靖間參政林庭。其後久未纂輯，舊聞放失。至本朝康熙二十二年，巡撫安世鼎始續修之。康熙五十九年，巡撫白潢又增修之，名曰《西江志》，其體例條目雖多本諸舊志，而廣搜博訪，訂舛正訛，在地記之中號為善本。雍正七年，巡撫謝旻奉詔纂修省志，乃與原任檢討陶成等開局編輯，其規模一本

之白志，而間加折衷，文簡事核，鰲然有序。其志人物，如宋之京鏜、章鑒，一則以其身為宰輔而依附權奸，一則以其位列鈞衡而棄主私遁，則削去不載，亦頗有合於大義。惟元劉秉忠，其先世雖瑞州人，而自遼及金，北遷已久，乃援其祖貫，引入鄉賢。將孔子自稱殷人，亦可入中州志乘乎？是則圖經之積習，澌除未盡者矣。

光緒《江西通志》藝文略：《江西通志》一百六十二卷雍正十年巡撫謝旻監修。

《清史稿・藝文志》。

《美國國會圖書館藏中國方志目錄》。

《中國地方志聯合目錄》。

謝旻序我皇上御極之七年春，詔天下直省纂修通志，匯送一統志館。時江西撫臣謝旻奉命修江西通志，下其事於藩司，薈萃圖籍暨府州縣新舊志乘，聘禮耆儒名彥，慎裏厥事……並移會直隸、各省，互送名宦、人物草檢，以憑核據。始事於八年三月，至十年四月告成……舊志無傳，遺文多軼，惟康熙五十九年所輯《西江志》其書具在。今之所修，實因其本。而舊所應改，今所應增，亦詳為考訂，廣為搜羅。凡古今沿革、勝跡流傳，必注據何書。其名宦政績、人物品行，必注明所引。而見在所行學校、田賦、關津、驛鹽諸大政，必歷稽其實，明核其數，詳悉登記，以示於後。（雍正十年四月）

【按】此志之成，上距白潢《西江志》僅十年，其體例以白志為本。細較兩書，謝志增「上諭」三卷；又易「科目」為「選舉」，移置「秩官」之後；又刪「經籍」一志。本志「藝文」四十五卷，較白志大有芟削，凡例曰：「志內『藝文』，本足取徵，不必太濫，如集敘止一人之文，譜序止一家之言，及宴會贈答、

慶賀誄祭之作，概所不錄，惟有關於土地人民政事，足以鼓勵風教、標識勝跡，洵為名筆，方采存之。」至於刪白志「經籍」，凡例中未有說明，實為本志一大遺闕。

〔嘉慶〕江西全省圖說一卷

胡武孫纂胡武孫，字緯民，新昌人。

清嘉慶十八年（1813）刻本　存

陳守創序新昌鬍子武孫，吾鄉之老名宿。前是，乾隆庚申，其門人庶常廣思吳君持其文百數十篇見示，予歎賞不止，已為之序其巔矣。又以詩賦傳贊記論碑銘引說辨考策文等十四卷屬予言……立言永垂不朽，足為後學津梁者多矣。予敘其文甚詳，故此不復贅云。

【按】此書之圖已不可獲見，僅全省、南昌府、瑞州府、袁州府、臨江府、吉安府、贛州府、南安府、撫州府、建昌府、廣信府、饒州府、南康府、九江府圖說凡十四則，匯為一卷。每則中曆敘一地沿革、地域、轄縣、營建、物產、民俗等，各舉其要領。較宋、明以下之方志，其云簡矣，然亦古圖經之遺意，宜乎有以錄之。

〔同治〕江西全省輿圖十四卷

沈葆楨　劉坤一修沈葆楨，字翰宇，一字幼丹，福建侯官人，道光二十七年進士，翰林院編修，咸豐五年由御史出知九江府，同治元年擢江西巡撫。　劉坤一，字峴莊，湖南新寧人，廩貢生，同治四年巡撫江西，八年回任，光緒元年署總督，六年實任。

清同治七年（1868）刻本　存

劉坤一序皇上御極之三年，命各直省督撫勘繪所隸境內輿圖。前撫臣沈葆楨商同司道，遴委諳習地理之員，分赴各郡廳州縣周行履勘。未及蔵事，遽以省親回籍。臣劉坤一承乏斯土，步武前規，誡諭從事各員，必躬必親，慎終如始，凡山川疆域、城池制度、村墟市鎮、隘塞險要，關於民生利病、政治機宜者，必詳慎臚列，於舊圖之遺漏者補之，舛錯者正之。首尾四年，計繪成省圖一、府圖十有三、直隸州圖一、廳州縣圖七十有九，除諮部恭呈乙覽外，江省各衙署均存一分，以備稽考。惟各圖皆尺餘巨幅，不便收藏，且慮日引月長，為蟲鼠風雨所剝蝕，爰刪繁摘要，繪成縮本，刊訂成帙，俾守土之吏，一展卷而四境情形悉登几案……書成，因志其緣起，弁諸簡端。

【按】此書收列省府廳州縣圖凡九十四幅，各圖均益以圖說。圖以朱墨二色套印，以朱線標經緯，省圖每方九十里，府圖每方三十里，縣圖每方十里，舉凡城池關隘、村坊市鎮、山川津梁、疆域界鄰，各依例標注。圖說置各圖之後，凡圖所不能繪則載於說，城池兵汛、四正四隅、通衢曲徑、水陸道裡、山川脈絡、關塞要隘，無不詳細明備。

〔光緒〕江西通志一百八十卷首五卷

劉坤一　劉秉璋　李文敏修　劉繹等纂劉秉璋，字仲良，安徽廬江人，咸豐十年進士，同治十一年任江西布政使，光緒元年任江西巡撫。　　李文敏，字捷峰，陝西西鄉人，咸豐二年進士，同治十一年署江西布政使、按察使，光緒四年任江西巡撫。　　劉繹，字瞻岩，永豐人，道光十五年進士，授翰林院修撰，山東學政，團練大臣。

清光緒七年（1881）刻本　存

《清史稿・藝文志》：《江西通志》一百八十卷劉坤一等修。

《美國國會圖書館藏中國方志目錄》。

《中國地方志聯合目錄》。

李文敏奏疏為恭進《江西通志》繕寫正本仰祈聖鑒事。竊照江西通志創自前明嘉靖初，其書分志省、府，體例略具。國朝康熙中，前撫臣安世鼎、白潢已兩次改修。至雍正七年，前撫臣謝旻奉詔纂修，始據舊本重為補正，遂有成書。迄今百四十餘年，前記僅存，遺聞漸佚。同治九年，督臣劉坤一於巡撫任內奏請開局重修，奉旨俞允，欽遵辦理。嗣於光緒四年稿本初成。經前撫臣劉秉璋奏請詳加校訂，繕本進呈，疊蒙恩准在案。臣接任以來，復督飭纂修諸員斠定異同，辨正疑誤，分微惜考勤之意，立事增文省之程。茲已排比整齊，校勘完竣，釐為一十八門，通計一百八十五卷。謹繕正本一分，諮送軍機處恭呈御覽。

【按】茲志於同治九年開局纂修，光緒四年「稿本初成」，光緒六年六月開雕，至光緒七年六月刊竣，前後歷時十二年，主修官三易其手。此書首五卷為訓典，卷一至卷五地理沿革表，卷六至十九職官表，卷二十至四十選舉表，卷四十一卷四十二封爵表，卷四十三至四十九輿地略（星野、疆域附圖、形勝、戶口、風俗、物產、土貢附），卷五十至六十四山川略（山、川、水利），卷六十五至八十二建置略（城池、碉堡附、廨宇、學校、壇廟、津梁、書院、社學附），卷八十三至九十四經政略（田賦、漕運、鹽法、榷稅、倉儲、祀典、學制、兵制、郵政、鼓鑄、陶政、恤政），卷九十五至九十八前事略（武功、祥異），卷九十九至一百十二藝文略（經、史、子、集），卷一百十三至一百二十五勝跡略（署宅、塚墓、寺觀），卷一百二十六至一百

三十三宦續錄（統轄、各府），卷一百三十四至一百六十九列傳（各府），卷一百七十方術，卷一百七十一至一百七十六列女（各府），卷一百七十七寓賢，卷一百七十八至一百八十仙釋。本書凡例曰：「方志屬史家，近代修志，僅存表、傳兩體，餘則門類凌雜，惟意所造。嘉慶中，南康謝啟昆修《廣西通志》，始講求義法，為典以准紀，為略以准書，為錄以准世家，紀載美備，體例雅贍。厥後修《廣東通志》，即本是書，志家遂多模仿之者。前哲遺渠，為世宗尚，恭敬桑梓，宜可傳信，謹依其例而斟酌損益之，更定舊志次序，以合史法。」此志為典一，為表四，為略七，為錄一，為列傳五。較諸謝氏《廣西通志》一典四表九略二錄六列傳，可見其軌循損益之跡。又凡例曰：「江西自同治三年奉旨勘繪輿圖，開方計里，補遺正誤，業有成書。謝志諸圖尚沿舊習，標識名勝，無當史裁，茲從刪削，別為省圖一、府圖十三、直隸州圖一，附諸疆域。」同治《全省輿圖》已錄於前，此志「疆域」所附輿圖，蓋據同治《圖》而多有刪略。此志體例精善，搜羅宏富，尤長於考證，後人盛譽之，誠有以也。又梁啟超《中國近三百年學術史》列舉清代及民國「經名儒精心結撰或參訂商榷」、「出學者之手，斐然可列著作之林」之志書數十種，其中有「同治《江西通志》，董覺軒（沛）總纂」。董沛，字孟如，號覺軒，浙江鄞縣人，光緒進士，知上饒縣，歸休後主講崇實、辨志書院，以詩文名重一時，著有《明州系年錄》《六一山房詩集》等。然遍檢光緒《通志》職名，並無董氏參與之跡，任公所記蓋「隨舉所知及所記憶」，不知是否有誤，或另有他情，謹識之以俟考。又《中國地方志聯合目錄》著錄此志，注曰：

「上海（圖書館）另有《贛省通志》稿本一卷，趙之謙撰。」趙之謙為光緒《江西通志》編輯，《修志職名》中位列劉繹等三總纂之後。《中國古籍善本書目（史部）》又著錄上海圖書館藏趙之謙撰《江西通志序例》手稿本一卷，而無趙氏《贛省通志》。或疑二者實為一書，書名以《序例》為正，以未經目驗，不敢妄為評斷，附記於此。

〔光緒〕江西全省輿圖十四冊

佚名修纂

清光緒二十二年（1896）石印本　存

【按】本書首頁題款：「校印官候補知縣朱兆麟，江西全省輿圖，光緒丙申年孟冬月石印」。無序。有凡例十九則。書凡十四冊，第一冊為江西省圖說，附鄱陽湖圖說，南昌府輿圖；以下各府及寧都直隸州各為一冊。全書無版心，地圖、文字及表格均通欄排列。省、府（州）及各縣各有圖數幅。每圖均置經緯線，省圖以京師所在經線為基準，省府首縣以布政司署為準，外府首縣以府署為準，餘皆以縣署為準，省圖每方百里，府圖每方五十里。圖中省界、府界、縣界、各級政府駐地、城池、兵汛、墟市、村莊、驛鋪、關卡、道路、津梁、炮臺等均各有標識，圖例具凡例中。省、府圖後為圖說，記府治所在、屬縣、各縣界域及山川。縣圖後之圖說則列為表格，分為沿革、疆域、天度、山鎮、水道、鄉鎮、職官七欄。據凡例，此書不僅所圖詳密，且山川、驛路、墟場、汛營等各據實繪錄，省、府、縣志凡有訛誤，皆核實改正。此書類例與同治《全省輿圖》略同，而綿密詳備則

有以過之。

〔民國〕江西通志一百冊

吳宗慈等纂吳宗慈，字藹林，號哀靈子，江西南豐人，光緒三十一年畢業於廣東饒平師範學堂，宣統元年成優貢生，宣統三年任《江西民報》編輯，辛亥革命後任國會眾議院議員、廣東軍政府參謀部秘書長、國立中山大學師範學院史地系主任、江西通志館館長、江西省文獻委員會主任等職。新中國成立後任省參事室參事，一九五一年病故。著有《廬山志》《中華民國憲法史》等。

民國間稿本　存

一九八五年江西省博物館整理複印本　存

【按】據《江西通志稿整理說明》：一九四〇年十二月，成立籌備委員會，議修通志，以吳宗慈、胡先驌、陳仲騫等人為委員，聘定吳宗慈為主任，辛際周為總幹事，設立江西通志館，吳宗慈為館長兼總纂，主持館務。通志館暫設於泰和縣，後遷南豐縣。一九四五年九月遷南昌，不久改名為江西省文獻委員會。一九四九年南昌解放前夕，文獻委員會復遷南豐。當年八月，省人民政府主席邵式平致函吳宗慈，指示將文獻委員會遷返南昌，並任命吳宗慈為江西省人民政府參事室參事。此志的編纂，從一九四一年三月至一九四九年六月，前後費時九年，新編的志稿包括：歷代大事記；歷代疆域沿革、職官、選舉、人物四表；地質、輿地、水道三考；財政、經濟、庶政、教育、禮俗、氏族、方言、宗教、藝文九略；金石、宦跡二錄；及各縣人物列傳、文征等。其中只有一部分已經定稿，另有一部分係未定稿，或僅為

志材。一九八三年十二月，江西省博物館組建江西通志稿整理組。費時兩年，整整工作始告完成，成書一百冊，約六百五十餘萬字。修志之初，吳宗慈撰有《江西通志體例述指》一文，提出此志詳目，「凡經之類三，圖之類十，表之類五，考之類三，略之類十，錄之類二，傳之類三，征之類二，別為志餘」。現存志稿與擬目未能盡合，此番整理以擬目次第為序，凡有未合，則依存稿刪補訂定。吳氏所定體例縝密嚴整，已成諸稿大多亦要言不煩，頗具史筆，堪為江西舊志之殿軍。惜此志遺闕未竟者尚多，究非完璧，汗青有日，其有待乎來哲。

第二章

南昌市

▶ 南昌

　　南昌舊乘，其源甚古，或以三國吳徐整《豫章舊志》為其始，或以劉宋雷次宗《豫章記》為其首。張國淦《中國古方志考》則以此二書皆歸諸「通志類」，而以南唐塗廙《豫章古今志》為南昌舊志之首。蓋古今地域區劃變動不居，且諸書久佚，所志地望初難判析。今准張氏。茲錄南昌府縣舊乘三十八種，今存者明一種，清九種，民國二種，餘皆亡佚。所錄諸書中，有清人所撰《志乘刪補》《縣志補》等數種，皆考訂補苴邑乘之作，例得收入。至若《豫章耆舊》《江城名跡》之類，皆雜纂軼事，類述異聞，此類甚多，其書雖古，其名雖著，俱不宜錄之。

　　自兩漢至南朝陳，南昌縣俱為豫章郡治。隋平陳，罷豫章郡，置洪州總管府；大業初，廢州複豫章郡，領豫章（南昌改）、豐城、建昌、建成四縣。唐洪州，領南昌、豐城、高安、建昌、新吳、武寧、分寧七縣，治南昌。南唐時升洪州為南昌府，號南都。宋複洪州，治南昌；太平興國六年，析置新建縣，與南昌分治郭下；隆興二年，升洪州豫章郡為隆興府，領南昌、新建、奉新、豐城、分寧、武寧、靖安、進賢八縣，治南昌、新建。元龍興路，仍治南昌、新建，領縣六：南昌、新建、進賢、奉新、靖安、武寧。明南昌府，治南昌、新建，領一州七縣：寧州；南昌、新建、

豐城、進賢、奉新、靖安、武寧。清南昌府，領一州（義寧）、一廳（銅鼓）、七縣（南昌、新建、豐城、進賢、奉新、靖安、武寧），仍治南昌、新建。

〔南唐〕（豫章）古今志三卷

塗廙纂塗廙，洪州南昌人，仕南唐，為本縣尉。

南唐修本　佚

《太平寰宇記》卷一〇六，洪州，分寧縣西安縣，引《古今志》一條。

《輿地紀勝》卷二十六，隆興府，古跡西安故城，引《古今志》一條。

《永樂大典》卷八〇九一，十九庚，城南昌府城（《豫章續志》），引塗廙《古今志》二條；又，注引《古今志》一條；又，餘城（《豫章志》），引塗廙《志》一條；又，太史城（《豫章志》），引「塗廙云」一條。

《江西考古錄》卷六，塚墓徐孺子墓，引塗廙《續豫章記》一條；卷十，雜誌巫鬼，引塗廙《續豫章志》一條。

《豫章十代文獻略》卷二，徐雅傳孺子墓，引塗廙《續豫章記》一條。

康熙《西江志》卷一一六：南唐《補豫章記》一卷塗廙撰。

《豫章十代文獻略》卷三十一：塗廙《補豫章記》《豫章書》。

光緒《江西通志》藝文略：《豫章記》三卷（南唐）今本《輿地碑記》：塗廙撰。《豫章書》：洪州南昌人。謹按：是書一作《補豫章記》。

《江西古志考》卷二：《（豫章）古今志》三卷南唐，塗廙纂。

按：王象之《輿地紀勝》卷二十六隆興府碑記，有雷次宗《豫章古今志》、雷次宗《豫章記》三卷，無雷次宗《豫章古今志》；《宋史·藝文志》亦有雷次宗《豫章古今記》三卷，無雷次宗書。張國淦《中國古方志考》照錄王象之《輿地碑目》。然《隋志》及兩《唐志》只有次宗《豫章記》，無《豫章古今志》，宋以前諸書亦無援引次宗《古今志》者。《寰宇記》《紀勝》各引《古今志》一條，俱不係撰人。而《豫章續志》（見《大典》引）采《古今志》兩條，署名雷次宗，知雷氏實有是書。考王象之《輿地碑目》所錄雷次宗、雷次宗書，大有疑問。其著錄次第為：《豫章事實》（雷次宗撰，見於《崇文總目》）；《豫章古今志》（同上，見《隋書經籍志》）；《豫章記》三卷（南唐雷次宗撰）。以上書目可疑處有二：其一，《紀勝》卷內引雷次宗《豫章記》凡十八事，而《輿地碑目》何心獨缺次宗此書？其二，《隋志》錄次宗《豫章記》，無《豫章古今志》，象之則曰其《豫章古今志》「見於《隋書經籍志》」，誤矣。按王氏之誤，顯係筆誤，即所錄《豫章古今志》與《豫章記》兩書目前後倒誤。若乙正其次為「《豫章事實》（雷次宗撰）；《豫章記》（同上，見《隋書經籍志》）；《豫章古今志》三卷（南唐雷次宗撰）」，則與《隋志》相合，疑團渙然冰釋矣。章宗源《隋志考證》曰「王象之《輿地碑目》言《豫章古今志》見《隋志》，然『古今』二字非《隋志》本有」，即已見王氏所錄有誤，然不知致誤之由，未達一間。《宋史藝文志》《中國古方志考》未細審察，遂沿王氏所錄，以致訛誤至今。據此可知，《輿地碑目》實已著錄雷次宗《豫章古今志》一書，是可取證《紀勝》卷內所引。考《紀勝》卷二十六隆興府，古跡，「西安故城」引《古今志》曰：「漢建安中置，隋開皇初廢。」（按：《寰宇記》亦引此條。）文中記有隋開皇年間事，其時雷次宗早已作古，豈能記載身後百餘年之事，此《古今志》可確斷為雷次宗修本，王象之《輿地碑目》所錄《豫章古今志》

即是。又，康熙《西江志》卷一一六錄有南唐塗廙《補豫章記》一卷，其書與《古今志》是否一書，今莫能考詳，姑並歸於此。又，陶宗儀《說郛》收《豫章古今記》一卷，舊題雷次宗撰，《四庫提要》力辯其非，曰：「考《隋書經籍志》有雷次宗《豫章記》一卷，宋王象之《輿地碑記目》又云次宗作《豫章古今志》，是篇首引次宗語，末云次宗於元嘉六年撰《豫章記》，則必非雷書。觀所記至唐而止，有『皇唐』、『大唐』之語，似為唐人之作矣。書分郡記、寶瑞記、寺觀記、鬼神記、變化記、神祠記、山石記、塚墓記、魁俊記等九部，記載寥寥，絕無體例，疑依託者雜鈔成之也。」光緒《江西通志》亦曰：「白潢《西江志》以《豫章古今記》為次宗撰，是誤以《豫章記》為一書。考陶氏《說郛》載有雷次宗一條，稱《豫章古今記》，則《豫章古今記》非次宗所撰可知……又《天一閣進呈書目》內有《豫章古今記》一種，則是書范氏時尚有也。」王謨《豫章十代文獻略》卷二十七儒林：「《豫章古今記》本唐人撰，其書今見《說郛》，皆屬殘缺，又多訛謬，如『徐雅』作『雅確』，『確』字當屬衍出。」卷三十一文苑又曰：「胡儼《南昌府志序》云：『豫章有志始乎雷次宗，後其書亡，南唐塗廙補撰《豫章古今志》，時時引次宗《記》為證。至宋洪芻駒父謂廙書贍則近穢，疏則及漏，又時相抵捂，非完書也……』案胡序，則塗《記》固以雷《記》為草創，而洪芻《職方乘》則又鑒塗《記》而修飾之，三書遞相祖述，今皆無考，惟《說郛》中有《豫章古今記》一卷，多載唐初事蹟，顯係初唐人撰。陶多既誤題作雷次宗，胡序又以為即塗廙作補撰，抑謬矣。」周中孚《鄭堂讀書記》則堅認《說郛》本《豫章古今記》為雷次宗所撰云：「按隋、唐《志》俱載雷次宗《豫章記》一卷，《崇文總目》（傳記類）則作《豫章古今志》三卷，志即記也。《宋志》作『記』，亦三卷。今考書中魁俊部有云：雷次宗，字仲倫，入廬山侍沙門慧遠，篤

志好學，屢征不起，卒，有文集，注《禮記》《周易》，元嘉六年撰《豫章記》云云。則是仲倫原有是書，今本為後人附益明矣。又考書中稱唐為大唐，而吳、李、滕王應俱以唐人而記於末，可見竄益出唐人手，故有三卷，而此一卷非足本也。」以上《四庫》及鄭堂二說，俱未中肯綮。今推略此《說郛》本，當即出自塗廙，蓋塗氏由唐而入南唐，故記唐事，稱「大唐」，且得與諸本著錄及《寰宇記》《大典》佚文相契合。至若舊題作雷氏者，則或以依託，或由誤抄，今無以詳辨焉。

豫章志

佚名修纂

修纂年不詳　佚

《太平御覽》卷四二一，人事部六十二，義中龔碩，引《豫章志》一條。

《江西古志考》卷二：《豫章志》佚卷數、撰人。未見著錄。按：《中國古方志考》錄《豫章志》一種，非此志。此志見引於《御覽》，知修於宋太平興國以前。

豫章圖經

佚名修纂

修纂年不詳　佚

《太平御覽》卷四十八，地部十三，山南昌山、松門山，引《豫章圖經》二條。

《江西考古錄》卷六，塚墓滄台滅明墓，引《豫章圖經》一條。

《江西古志考》卷二，豫章圖經佚卷數、撰人。未見著錄。按：《御覽》引《豫章圖經》二條，然《太平御覽經史圖書綱目》及諸書家均未收錄。是《圖經》撰人、撰年俱無考，要之不得晚於宋太平興國初年。

〔祥符〕洪州圖經

李宗諤等修李宗諤，字昌武，饒陽人，進士，官翰林學士、起居舍人，真宗時拜右諫議大夫，修文宗實錄，有文集六十卷等行世。

宋大中祥符三年（1010）修本　佚

《永樂大典》卷八〇九一，十九庚，城武寧縣城（《續豫章志》），引《祥符圖經》一條。

《輿地紀勝》卷二十六，隆興府，碑記：《洪州圖經》李宗諤編。

《中國古方志考》。

《江西古志考》卷二：《祥符（洪州）圖經》宋，李宗諤纂。按：《祥符洪州圖經》是宋真宗祥符三年所修《祥符州縣圖經》之一種。《州縣圖經》《宋史藝文志》《中興書目》《郡齋讀書志》等均有著錄。《玉海》卷十四：「（景德四年二月）庚辰，真宗因覽《西京圖經》有所未備，詔諸路州府軍監以圖經校勘，編入古跡，選文學之官纂修校正，補其闕略來上。及諸路以圖經獻，詔知制誥孫僅、待制戚綸、直集賢院王隨、評事宋綬、邵煥校定。僅等以其體制不一，遂加例重修。命翰林學士李宗諤、知制誥王曾領其事，又增張知白、晏殊，又擇選人李垂、韓羲等六人參其事。祥符元年四月戊子，龍圖待制戚綸請令修圖經官先修東封所過州縣圖經進內，仍賜中書密院、崇文院各一本，以備檢閱。從之。三年十二月丁巳，書成，凡一千五百六十六卷（目錄二卷），宗諤等上之。詔嘉獎，賜

器幣，命宗諤為序。又詔重修定大小圖經，令職方牒諸州謹其藏，每閏依本錄進。（景祐四年二月甲子，賜御史臺。《中興書目》：今存九十八卷，兗州至利州或附以近事云。）凡京府二、次府八、州三百五十二、軍四十五、監十四、縣千二百五十三。祥符四年八月十八日，中書門下牒別寫錄，頒下諸道新本共三百四十二本。」宗諤原序今存，見錄於《玉海》卷十四。

　　李宗諤序景德丁未歲，展孝山園，循功鼎邑，覽山河之形勝，酌方志之前聞，敕土訓而夾車，校地官之著籍，亟詔方州精加綜輯。曾未半載，悉上送官，毛舉百代，派引九流。舉春秋筆削之規，遵史臣廣備之法，立言之本，勸戒為宗。守令循良，罔不采尋，畯良攸產，往牒備傳，自餘經界之疆畔，道理之遍遘，版賦耗登，軌跡昭晦，土毛良苦，氣俗剛柔，具有差品，無相奪倫。

〔宋〕南昌古圖經

佚名修纂

宋修本　佚

《永樂大典》卷七五一四，十八陽，倉貯備倉（《南昌志》）；卷八〇九一，十九庚，城南昌府城（《豫章續志》）；引《南昌古圖經》二條。又南昌府城（《豫章續志》注），引《古圖經》一條，引《南昌古圖志》一條。

《中國古方志考》：《南昌古圖經》佚。

《江西古志考》卷二：《南昌古圖經》佚卷數、撰人。按：《大典》引錄本志，或稱《南昌古圖經》，或稱《古圖經》，今得佚文三條，皆記唐元和、貞元間人事。「南昌府城」條錄《豫章續志》引本《圖經》曰：

「正元十四年，觀察李巽辟而新之，號避暑樓。」考《大典》卷二二六二，「（豫章）東湖」引《豫章志》載唐貞元五年李巽躬率吏民固護湖堤，知李巽為觀察在唐德宗貞元年間。《圖經》此處稱「貞元」為「正元」者，蓋避宋仁宗趙禎嫌名改。又此《豫章續志》係元人所撰（參見該志考識），其引本《圖經》稱「正元」，實《圖經》原文如此，非《續志》引錄時改易。據此，知此《南昌古圖經》係宋人所修，其成書不早於仁宗朝。又《大典》同條複引《南昌古圖志》一條，亦記李巽改築豫章子城門事，兩文似出一書，疑《大典》引錄時誤「經」字為「志」字，故並錄於此。

〔宋〕豫章舊圖經

佚名修纂

宋修本　佚

《永樂大典》卷二二七〇，六模，湖拱亭湖（《南昌府豫章志》）（二條）；卷八〇九一，十九庚，城南昌府城（《豫章續志》注）；引《舊圖經》三條。

《遂初堂書目》地理類：《豫章舊圖經》。

《中國古方志考》。

《江西古志考》卷二：《（豫章）舊圖經》佚卷數、撰人。按：《大典》「拱亭湖」條引《舊圖經》云：「在新建縣北三百四十三里。」新建縣，本南昌縣屬地，宋太平興國六年始分南昌縣西北境洪崖等十六鄉置縣，名新建，與南昌縣分治郭下。（參見《輿地廣記》）此《舊圖經》記及新建縣，必修於宋太平興國以後，非《御覽》所引《豫章圖經》明矣。尤袤《遂初堂書目》有《豫章舊圖經》，殆即本書。又，輯文「南昌府城」條引《舊圖經》，下有徐師川（俯）《章江晚望》詩一首。考徐俯卒於南宋

紹興十年，與尤袤相去未遠，若徐詩係《舊圖經》原引，則尤氏《書目》不當稱其為「舊」。頗疑徐詩乃《大典》加注時補入，非《舊圖經》原文。

〔治平〕（洪州）圖經

佚名修纂

宋治平間修本　佚

《輿地紀勝》卷二十六，隆興府，景物下毛竹山（《修水志》），引《治平圖經》一條；又宋華觀，引《圖經》一條。

《明一統志》卷四十九，南昌府，風俗雅素不競；山川毛竹山；寺觀棲霞觀；引《圖經》三條。

《永樂大典》卷八〇九一，十九庚，城南昌府城（《豫章續志》）、西平縣故城（《豫章志》）（二條），引《圖經》三條。

《中國古方志考》。

《江西古志考》卷二。

【按】《紀勝》卷內引《治平圖經》一條，而《輿地碑目》未錄是書。今觀《紀勝》「毛竹山」條，先引《修水志》，復曰「《治平圖經》無毛竹山，治平間有餘衊者出貲募人鑿道至爛泥坪」云云，後一段文字非《治平圖經》之舊文。《明一統志》「毛竹山」條引《圖經》曰：「此山路塞，宋治平間有餘衊者」云云，《中國古方志考》斷《明一統志》所引《圖經》亦《治平圖經》，若依其說，則此條「宋治平間」之「宋」字應係《明一統志》編者所加。因所輯佚文不足以資考證，姑仍張氏錄之。又《大典》「南昌府城」條引《圖經》曰「自唐初修築西南隅」，「西平縣故城」條曰「開寶二年復廢」，知當修於開寶二年（969）

以後者，張國淦《中國古方志考》亦歸諸《治平圖經》，姑從之。

〔宋〕南昌志

佚名修纂

宋修本　佚

《永樂大典》卷七五一四，十八陽，倉貯備倉，引《南昌志》一條。

《江西古志考》卷二：《南昌志》宋，佚卷數、纂人。未見著錄。按：《南昌志》僅見《大典》引一條，其文曰「唐正元元年刺史齊映」，避宋仁宗諱改「貞元」為「正元」；又曰「見《南昌古圖經》，今廢」。知是志為宋人所修，成書不早於仁宗朝，且晚於《南昌古圖經》。

〔宋〕豫章志

佚名修纂

宋修本　佚

《永樂大典》卷二二六二，六模，湖（豫章）東湖；卷二二七〇，六模，湖金鐘湖；卷二三四五，六模，烏白烏（見南昌）、白烏（見建昌）；卷二四〇四，六模，蘇蘇雲卿；卷二六〇三，七皆，台翻經台；卷二九四九，九真，神處女嫁神；卷三一三三，九真，陳陳果仁；卷六七〇〇，十八陽，江九江府（神廟）（《江州志》注）；卷七二三六，十八陽，堂五賢堂（《豫章續志》）；卷七五一六，十八陽，倉苗倉；卷八〇九一，十九庚，城南昌府城、劉繇城、餘城、椒丘城、孫奮城、齊城（《輿地志》注）、吳城、太史城、分寧縣城、西平縣故城、西安故城、靖安縣城；卷九七六二，二十二

覃，函石函；卷一三〇七五，一送，洞天寶洞；卷一三一四〇，一送，夢夢柳環居；卷一四五三六，五御，樹娑羅樹；引《豫章志》二十八條。

《明一統志》卷四十九，南昌府，山川葛仙山，引《豫章志》一條。

《文淵閣書目》卷四舊志：《豫章志》二冊、《豫章志》六冊、《豫章志》三冊、《豫章志》十一冊、《豫章志》十四冊。

《中國古方志考》。

《江西古志考》卷二：《豫章志》按：茲輯《大典》引《豫章志》二十八條，《明一統志》引一條。今觀佚文，多記宋以前事，如輯文「東湖」條，歷載晉至唐修築堤防，末曰「（唐）乾符中因亂悉廢，今復葺」。輯文「石函」條曰：「遊帷觀，今名玉隆萬壽宮。」據光緒《江西通志》卷七十三，宋大中祥符三年改遊帷觀曰玉隆萬壽宮，則以上兩條所言「今」者，殆指宋朝。又「分寧縣城」條曰「分寧縣城，周回四百八十步」；「西安故城」條曰「在分寧縣西二十里」。按宋分寧縣，元升寧州，明初改寧縣，佚文曰「分寧縣」，知是志修於宋。另考《大典》卷七二三六，十八陽，堂，「五賢堂」條引宋修《豫章續志》曰：「堂舊在州治之西，詳見《豫章志》，後遷於開元寺西廡。兵火之後，祀與《記》皆不復存。」《大典》此條亦引《豫章志》，載宋慶曆七年太守張瓌塑、梅福、陳蕃、徐孺子、范寧、韋丹五人像，「即州之西偏依城立樓，樓之東向為祠，刻石以紀之」，不及後遷五賢堂於開元寺西廡事。《續志》所引《豫章志》當即本志，故知此《豫章記》當修於建炎兵火之前。又輯文「五賢堂」曰「在南昌府」，「宋朝慶曆七年」，「天寶洞」條曰「江西南昌府」「南昌府」「宋朝」云云，為後人引錄時所增，非原志文如此。《文淵閣書目》

舊志凡錄《豫章志》五種，卷帙各異，撰人俱不明。張國淦曰：「此當有一即是志」，是。

〔宣和〕豫章職方乘三卷

洪芻纂洪芻，字駒父，南昌人，紹聖元年進士，官至諫議大夫，著有《老圃集》。

宋宣和元年（1119）修本　佚

《輿地紀勝》卷二十五，南康軍，古跡昌邑王城，引《豫章職方乘》一條。卷二十六，隆興府，府沿革王莽改曰九江、唐平蕭銑、復為江南西道觀察使、南唐國主遷都南昌、曰南昌府；縣沿革奉新縣、五代改曰奉新、分寧縣、李巽奏置、武寧縣；風俗形勝襟江帶湖；景物上吳頭楚尾；景物下孺子亭、報恩院（二條）；官吏上韋宙；人物洪師民；仙釋劉道真、洪崖先生；引《職方乘》十九條。

《永樂大典》卷七九六二，十九庚，興隆興郡、韋宙（俱黃山谷《建章錄》注）；卷八〇九一，十九庚，城南昌府城（《豫章續志》）、靖安縣城（《靖安志》）；卷九七六四，二十二覃，岩清水岩（《南昌府志》注）；卷一三〇七五，一送，洞天寶洞（《豫章志》）；引《職方乘》六條。

《明一統志》卷四十九，南昌府，山川洗馬池；引《職方乘》一條。

《豫章十代文獻略》卷三十六，道家梅嶺，引洪芻《豫章職方乘》一條。

《江西考古錄》卷六，塚墓澹台滅明墓，引洪芻《豫章職方乘》一條。卷四，山川東湖；卷五，古跡沉書鋪；引《職方乘》

二條。

《直齋書錄解題》卷八地理類：《豫章職方乘》三卷郡人洪駒父宣和己亥撰，取晉乘為名。

《郡齋讀書志》卷五附志：《職方乘》三卷豫章。右洪芻所編也。曰郡縣，曰城宇，曰山，曰水，曰觀寺，曰祠廟，曰塚墓，曰寶瑞，曰妖異，曰牧守，曰仙真，曰人物，凡十二部。芻字駒父，自少以詩名取重於時。登進士第，為晉州學官。山谷素稱其才，嘗曰：甥之文學他日當大成，但願極加意於忠信孝友之地，甘受和，白受采，不但用文章照映今古，乃所望也。又嘗作《釋權》以遺山谷，山谷答曰：筆力縱橫，極見日新之功。芻之名因是日顯。靖康之初為尚書郎，三遷至諫議大夫，遭變坐事貶文登。有《老圃集》行於世。

《遂初堂書目》地理類：《豫章職方乘》三卷。

《輿地紀勝》卷二十六隆興府，碑記：《職方乘》洪芻編。

《宋史·藝文志》史部地理類：洪芻《豫章職方乘》三卷。

《文獻通考·經籍考》卷三十二。

光緒《江西通志》藝文略。

《中國古方志考》。

《江西古志考》卷二：《豫章職方乘》三卷按：《豫章職方乘》，宋宣和元年己亥洪芻撰。《紀勝》引《職方乘》十九條，引《豫章職方乘》一條，《大典》引《職方乘》六條，《明一統志》引《職方乘》一條，俱載宣和以前事，諸書所引稱名雖有異同，均出洪氏修本，並錄於茲。唯《紀勝》卷二十六，隆興府，府沿革，「隆興以來」條引《職方乘》；《大典》卷一○五○，六姥，撫，「撫州府（廟祠）」（《撫州府志》注）條，引《豫章職方乘》；俱記有宋隆興年間之事，晚於洪芻《職方乘》四十餘年，

非洪書甚明，蓋引錄有誤，今已剔出別錄。

〔淳熙〕隆興續職方乘十二卷

程叔達修　李大異纂程叔達，字元誠，安徽黟縣人，紹興間進士，淳熙間知隆興府。

宋淳熙十一年（1184）刻本　佚

《輿地紀勝》卷三十，江州，州沿革隸江南西道，引《隆興續職方乘》一條。卷十七，建康府，古跡吳大帝廟；卷二十六，隆興府，風俗形勝以隆興紀元之號寵其州；景物上東湖；引《續職方乘》三條。卷六十六，鄂州，州沿革中興以來，引《洪州續職方乘》一條。

《直齋書錄解題》卷八：《（豫章職方）後乘》十二卷淳熙十一年太守程叔達序。

《郡齋讀書志》卷五附志：《（豫章職方）後乘》十四卷續之者淳熙中帥程叔達也，李大異序於後。

《遂初堂書目》地理類。

《輿地紀勝》卷二十六，隆興府，碑記：《續職方乘》李大異編。

《宋史藝文志》史部地理類：程叔達《隆興續職方乘》十卷。

《中國古方志考》。

《江西古志考》卷二：隆興續職方乘十卷。

【按】是書乃宋淳熙十一年隆興太守程叔達所修，系續洪芻《豫章職方乘》而作。諸家有錄作「續乘」「後乘」者，其卷帙

亦各有異，陳直齋曰十二卷，趙希弁《郡齋附志》曰十四卷，《宋志》則曰十卷，又《紀勝》所引或稱《洪州續職方乘》，並即一書。又《國史經籍志》錄有趙子直《豫章職方乘》十五卷，張國淦《中國古方志考》按曰：「據《直齋書錄解題》：《南康志》八卷，朱端章；《桐汭新志》二十卷，趙子直；《豫章職方乘》三卷《後乘》十二卷，洪芻、程叔達。焦氏《經籍志》所錄次第與《直齋》同，惟無《桐汭新志》，而以《職方乘》三卷《後乘》十二卷並作十五卷，為趙子直撰。此十五卷即洪芻、程叔達兩書，焦氏轉錄《直齋》而以《桐汭新志》趙子直為撰《職方乘》之人，遂有此誤。」張說甚是。今從《直齋》，錄為十二卷。

〔宋〕豫章職方乘

佚名修纂

宋修本　佚

《輿地紀勝》卷二十六，隆興府，府沿革隆興以來，引《職方乘》一條。

《永樂大典》卷一〇九五〇，六姥，撫撫州府（廟祠）（《撫州府志》注），引《豫章職方乘》一條。

《江西古志考》卷二：《豫章職方乘》佚卷數、撰人。未見著錄。按：此《豫章職方乘》撰者不詳，今輯《紀勝》《大典》各引一條。《紀勝》引是書佚文曰：「《職方乘》以為隆興二年守臣郭祚以孝宗潛藩申請，下三省議，特用紀元之號賜府額，曰隆興府。」所載南宋隆興年間事，去洪芻宣和年所修《職方乘》已四十載，張國淦氏將此條判歸洪氏書，殊誤。又《大典》「撫州府（廟祠）」錄《撫州府志》注引《豫章職方乘》，

記隆興城隍廟「至嘉定凡五修」，則是書又晚出於淳熙程叔達《續乘》矣。是書應成於王象之《輿地紀勝》之前，成書上限不早於宋嘉定初。

〔宋〕豫章續志六冊

佚名修纂

宋修本　佚

《永樂大典》卷二二六〇，六模，湖彭蠡湖；卷二二六二，六模，湖（豫章）東湖；卷二三四五，六模，烏西山瑞烏；卷二五四〇，七皆，齋船齋；卷二六〇六，七皆，台漕台；卷三五二八，九真，門胡氏義門；卷七二三六，十八陽，堂三賢堂、五賢堂；卷七二三九，十八陽，堂愛民堂、志民堂、民肥堂；卷七二三九，十八陽，堂思政堂；卷九七六六，二十二覃，岩北岩；卷一〇二八七，二紙，子道家子書；卷一三〇七四，一送，洞畫洞；卷一八二二四，十八漾，像玉皇像；引《豫章續志》十六條。

《文淵閣書目》卷四舊志：《豫章續志》六冊。

《江西古志考》卷二：《豫章續》志宋，佚卷數、撰人。按：《永樂大典》引《豫章續志》二十五條，張氏《大典輯本》得十九條，俱歸元趙迴山《豫章續志》名下，非是。今考《豫章續志》佚文，其所從出有宋修本、元修本兩種。如輯文「彭蠡湖」條曰：「東則饒州，西則南康軍。」饒州、南康軍皆宋朝建置，元則改為饒州路、南康路，明為饒州府、南康府。又《大典》卷七二三六至七二三九，十八陽，堂，引《豫章續志》凡六事，其「五賢堂」條曰：「隆興七年，鄧帥祚重建於府治東北；淳熙七年，張帥子顏又徙於府治東南；今在府學殿門外」。此言「府」，均指隆興府。又「漕台」條曰：「轉運使，始於唐開元二年……國朝因之。」「國朝」

指宋，凡此出之宋人手筆甚明。此外，亦有不少佚文記有宋朝人事，如「愛民堂」條曰：「今在正廳東，史運判彌改築」；「思政堂」條曰：「堂在漕台正廳西，史運判彌改築」；等等。《大典》所引《豫章續志》輯於宋修本者凡十六條，其餘九條則當出自元人手筆。宋本《豫章續志》撰年難以確考，今所得佚文記事最晚至「紹定改元」，當修於宋紹定之後。又，輯文「北岩」條曰：「在江西南昌府寧縣東北二十里解空院，後有北岩」云云，其文與《南昌府志》同。考修水縣沿革，唐貞觀十六年分武寧縣地始置分寧縣，屬洪州。宋建炎間一度升縣為義寧軍，尋罷。元升分寧為寧州，屬龍興路。明洪武初改寧州為寧縣，隸南昌府。此輯文曰「江西南昌府寧縣」，當係《大典》依時制妄增。

〔宋〕隆興府志

佚名修纂

宋修本　佚

《永樂大典》卷二二六〇，六模，湖官亭湖，引《隆興府志》一條。

《中國古方志考》。

《江西古志考》卷二：《隆興府志》宋，佚卷數、撰人。按：據宋、元《地理志》，宋隆興二年升洪州豫章郡為隆興府，元至元十二年改為隆興路，二十一年改龍興路。是志題曰「隆興府」，當宋人所修。又該志佚文引王象之《輿地紀勝》，知修於宋寶慶《紀勝》成書之後。

〔元〕續豫章職方乘十四卷

劉有慶　潘門元纂

元修本　佚

《千頃堂書目》卷八（盧文弨《補》）。

錢大昕《補元史藝文志》卷二。

倪燦《補遼金元藝文志》。

《中國古方志考》：《續豫章職方乘》十四卷元，佚。元劉有慶、潘鬥元纂。按：宣德《南昌府志》胡儼序：豫章之有志，始於雷次宗，後其書亡，南康塗廙補撰《豫章古今志》，至宋洪芻駒父取其舊書，析為十二部，謂之《職方乘》，元劉有慶、潘鬥元又補述《續志》凡十四卷，然流傳不廣，書多湮沒。

《江西古志考》卷二：《續豫章職方乘》十四卷元，劉有慶、潘鬥元纂。按：元馬端臨《文獻通考》錄有洪芻《職方乘》及程叔達《後乘》，無劉、潘《續豫章職方乘》，殆劉、潘此書成於《文獻通考》之後，端臨未及見耳。

〔元〕續豫章志十三卷

趙迎山纂

元修本　佚

《永樂大典》卷八〇九一，十九庚，城武寧縣城，引《續豫章志》一條。

《千頃堂書目》卷八。

錢大昕《補元史藝文志》卷二。

倪燦《補遼金元藝文志》。

光緒《江西通志》藝文略。

《中國古方志考》。

《江西古志考》卷二：《續豫章志》十三卷元，趙迎山纂。按：唐人董慎撰有《續豫章記》一種，既已著錄。茲輯《大典》引《續豫章志》一條，此條引有宋《祥符圖經》，非董慎志甚明。元有趙迎山《續豫章志》，《大典》所引即是。

〔元〕豫章續志

佚名修纂

元修本　佚

《永樂大典》卷三五二八，九真，門裴氏義門；卷八〇九一，十九庚，城南昌府城、都尉故城、豐城縣城、黃金城、始豐城、黃牛城、奉新縣城；卷一五〇七五，五泰，介廉介；引《豫章續志》九條。

《江西古志考》卷二：《豫章續志》佚卷數、撰人。未見著錄。按：《大典》引《豫章續志》，有出自宋修本者，已著錄。茲又輯得《豫章續志》九條，考輯文「裴氏義門」條曰：「宋真宗祥符六年詔旌表裴氏義門」；「南昌府城」條曰：「自宋朝以來」；「廉介」條曰「宋袁抗」；俱宋之後撰者語。明初無《豫章續志》，以上九條當屬元修志文。張氏《大典輯本》錄歸趙迎山志，然趙書諸家皆錄作《續豫章志》，不作《豫章續志》。檢《大典》卷八〇九一，十九庚，城，所引九處作《豫章續志》，唯「武寧縣城」條引用《續豫章志》。二者似非一書，故援例分錄。

南昌府豫章志

佚名修纂

修纂年不詳　佚

《永樂大典》卷二二七〇，六模，湖拱亭湖，引《南昌府豫章志》一條。

《江西古志考》卷二：《南昌府豫章志》未見著錄。按：是志佚文引有《舊圖經》兩處，此《舊圖經》已考定為宋志，則《南昌府豫章志》成書必在《舊圖經》之後。志題曰「南昌府」，乃明朝建置，然洪武至永樂間未見有《豫章志》一書，今疑是志題「南昌府」三字係《大典》所加，該書或係宋元《豫章志》之一種，今莫能考詳，姑依《大典》引稱舊題錄之。

（豫章）郡志

佚名修纂

修纂年不詳　佚

《永樂大典》卷一三〇七五，一送，洞天寶洞（《熊明來家集·天寶洞天賦》注），引《郡志》一條。

《江西古志考》卷二：《（豫章）郡志》佚卷數、撰人。未見著錄。按：是志僅見《大典》所錄《熊明來家集·天寶洞天賦》注引一條。熊明來，未詳。元有熊朋來，字與可，南昌人，登宋咸淳十年進士第，仕元為福清縣判官，事蹟具《元史儒林傳》。疑此「熊明來」即「熊朋來」，殆《大典》引時誤「朋」為「明」。熊氏《家集》未見，不知其《天寶洞天賦》此條係作者自注，還是後人加注，故無以考定所引《郡志》年代。又該志原名亦不可考，今以《（豫章）郡志》錄之。

〔洪武〕南昌府圖志

王莊修　丁之翰纂王莊，蘇州人，洪武十年知南昌府。　　丁之

翰，字季藩，新建人，元至正七年舉人，明洪武三年任新建縣教諭，遷進賢縣教諭，著有《潛夫集》等。

　　明洪武十一年（1378）刻本　佚

　　《永樂大典》卷三一四七，九真，陳陳景祥；卷七五一四，十八陽，倉廣積倉；卷八〇九一，十九庚，城南昌府城；卷一四六〇九，六暮，簿縣主簿；引《南昌府圖經志》四條。又，卷七五一四，十八陽，倉大豐倉；卷九七六四，二十二覃，岩清水岩；引《南昌府志》二條。

　　光緒《江西通志》藝文略：《南昌府圖志》洪武十一年知府王莊修。

　　《江西古志考》卷二：《南昌府圖志》明，王莊修。按：本志佚文俱記宋元間人事，其「縣主簿」條曰「元段從周」，「南昌府城」條曰「元因其俗稱，國朝以城址逼江」云云，知為明初志乘。光緒《江西通志》錄有洪武十一年知府王莊修《南昌府圖志》，《大典》所引《南昌府圖經志》即是。又輯文「陳景祥」條曰：「高祖稱其為天下清廉第二人」，此言「高祖」，係「高宗」之誤，即宋高宗趙構。

　　熊釗序洪武十一年，郡守太原王莊治郡政修，恭承上命，考郡之圖經紀志，屬進賢文學新建丁之翰編類成卷，事修詞雅，命釗為之序……

　　【按】熊釗序曰「太原王莊」，萬曆以後曆修縣志均作「蘇州人」，不知孰是。《大典》引《南昌府圖經志》四條，當即是書；又引《南昌府志》二條，姑置於此，待考。

〔宣德〕南昌府志

　　任肅修　胡儼纂任肅，字伯雍，徐州人，舉人，宣德中知南昌

府，升雲南左參政。　　胡儼，字若思，南昌人，洪武二十年舉人，授華亭教諭，改餘干，知桐城縣，擢翰林，直內閣備顧問，升國子祭酒，著有《頤庵集》。

明宣德八年（1433）刻本　佚

光緒《江西通志》藝文略：《南昌府志》宣德八年知府任肅修。

胡儼序豫章之有志，始於雷次宗。後其書亡，南唐塗廙補撰《豫章古今志》，時時引次宗舊記為證。至宋洪芻駒父謂廙書贍則近穢，疏則及漏，又時有抵牾，非完書也，乃掎摭書傳，疏所見聞，取其舊書，析為十二部，謂之《職方乘》。元劉有慶、潘鬥元又補述續志，凡十四卷。然流傳不廣，書多湮沒，歷世既久，又皆殘缺，所謂郡之文獻誠不足徵也。儼嘗承命纂修天下郡志，時郡邑所進之書，非苟簡則冗雜，至於錯謬，莫此為甚。同列舉以見示，唯有慨歎而已。未幾，以末疾賜歸，不及見其書之成。養屙居閑山林，知府任肅伯雍乃以是書詣吾廬而請。噫，此餘之宿負也，況生於此長於此終老於此，其可辭乎。遂力疾而為之。然編者遷就，書者傳訛，較之昔人，猶有可歎。於是會諸生，舉其綱領，類其條目，其可考者以意求之，爬梳剔抉，刪其繁穢，探幽發隱，正其訛謬，遠覽旁搜，補其遺缺，詳略互見，要其會通，庶幾一郡之事物、千載之文獻有足徵焉，而任侯於此可謂知為政者矣……（宣德八年秋九月望）

〔弘治〕南昌府志四十三卷

祝瀚修　羅輔纂祝瀚，字惟容、山陰人，成化進士，官刑曹郎中，弘治間擢知南昌府。　　羅輔，泰和人。

明弘治十三年（1500）刻本　佚

光緒《江西通志》藝文略：《南昌府志》弘治十三年知府祝瀚

修。

　　張元禎序太守祝侯瀚甫下車，即有意是書，亟命屬邑採錄以上。適泰和羅儒生輔來訪吾廬，侯得觀其所著洪範類書，深有得人之喜，政暇輒延與定為義例，出屬邑之所上，纂郡籍之所遺，各以類考訂，悉付羅編次之……曾未逾時，書成授梓，征予以序。

　　【按】後世多以此志為張元禎纂，或徑稱之為「張志」，蓋以張氏名望甚隆，且有序，遂沒纂人羅氏之名。今據張序，知纂人實為泰和儒生羅輔。定義例，與編次，皆羅氏之功，張氏序之而已。又據《修水備考》自序，此志四十三卷。

〔萬曆〕南昌府志[1] 三十卷

　　范淶修　章潢纂范淶，字原易，安徽休寧人，萬曆十三年知南昌府。　　章潢，字本清，人稱文德先生，南昌人，官順天府學訓導，主講白鹿書院，著有《周易象義》《詩原始》等。

　　明萬曆十六年（1588）刻本　存

　　《中國地方志聯合目錄》。

　　范淶序郡故有志而未傳，即諮之二酉，得其簡帙，然百年物也，其略是也，矧殘缺不當此耶。乃商之章本清氏。本清，郡之高士也，餘所為下榻者。辭讓於太史。太史鄧公又以習靜辭讓於督學使。督學萬公則謂學士張宗伯公在，可俟也。各走書三四復，議始協。適宗伯休沐過里，辟局有日矣，二三公猶欲然，吾鄉哲自司馬公而下能悉當心乎，巨典無小就，公書無獨成，願廣之。余復走書于司馬萬公以及國中薦紳三老，凡郡乘所當揚榷者咸請畢其詞。辱諸大夫國人之不餘棄也，或采於巷，或謀於野，或參互於載籍，雖言人人殊，而匯進輻輳，則志之道歸焉。凡三十卷，前

後脫稿者三。其梗概纖悉具諸公自為序中……

章潢跋新安范公祖來牧是邦……每歎郡之成憲亡征，版籍滋詭，遐詢博諏，偶得張東白先生所修遺本，手授潢曰：子其為我續之。懸辭弗獲，爰群同志，捃摭搜漁，刪訂補竄。歲餘，具草覆命。范公祖復聘督學萬思默公、少宗伯張洪陽公、太史鄧定宇公總其義例而筆削之。凡體裁梗概，諸公序已具述之矣……（萬曆戊子孟冬月）

【按】此志每卷卷端及范序均題作「新修南昌府志」，版心則作「南昌府志」。《修志姓氏》列范淶為總修，張位、鄧以贊、萬廷言為總裁，章潢為纂輯。書首有總修、諸總裁及萬恭序，書末有章潢後序。志凡三十卷，布之目四十有一，括之類七，其卷目為：卷一至三輿地類，卷四至六創置類，卷七至十典制類，卷十一至十六封爵類，卷十七至二十一鄉獻類，卷二十二至二十四雜錄類，卷二十五至三十藝文類。其凡例曰：志有綱目，凡郡圖、郡紀、沿革、星野、山川、風土、土產皆輿地類，城池、署宇、坊裡、鋪舍、橋樑、樓臺、水利皆創置類，戶口、田賦、差役、漁課、軍鞭與學校、禮祀皆典制類，宗藩、職官、名宦、武職皆封爵類，薦辟、科第、歲貢、封蔭、逸行、孝節、寓賢皆鄉獻類，古跡、丘墓、災祥、寺觀、仙釋、方伎、紀事皆雜錄類，奏疏、文移、碑記、詩賦皆藝文類，故志中次第表傳各從其類焉。

〔萬曆〕南昌府志[2] 五十卷

盧廷選修盧廷選，福建莆田人，由工部郎中萬曆三十四年擢南昌知府。

明萬曆三十八年（1610）刻本　佚

《千頃堂書目》卷七：盧廷選《南昌府志》五十卷。

《明史藝文志》：盧廷選《南昌府志》五十卷。

光緒《江西通志》藝文略：《南昌府志》萬曆三十八年知府盧廷選修。謹按：《明史藝文志》作五十卷，盧自序作五十六卷。

盧廷選序豫章志自雷、塗以下，近古惟洪駒父有《職方乘》，國朝郡守王公莊、任公肅、祝公瀚再修之，至萬曆戊子復定於范公淶，大備矣。未二十年而煨於闕伯，故府方冊，僅有存者。余守郡時謀為鏤勒，乃索祝本校之，豐殺去取，視戊子志較若兩書……已而考載籍，究掌故，以間造請郡縉紳士揚榷當否，召三老力田，人人得言所見，獵而收之。遂下教州縣長吏，各核所部，奏記相屬，浹歲而集。余手為編次，得卷五十六。起丁未，至己酉乃竣是役也……（萬曆三十八年三月朔）

張位序丁未，郡署災，志毀。莆田盧使君……懼其曆歲滋久，或多遺復，遂因而整齊之，接其後事，迄於今茲，捃摭罔遺，博收約取，不開局，不延儒，不借聚訟之口，以遺作舍之譏，而刪述壹稟於獨斷。暨陡陳稟之明年，殺青始竟，謁余敘之……（萬曆三十八年四月既望）

【按】此志始修於萬曆三十五年，旋稿於三十七年。尚未殺青，盧氏擢任左參政，仍部南昌，遂得究竟其役。盧氏自序謂此書五十六卷，《千頃堂書目》及《明史藝文志》作五十卷，今依後者錄之。

〔康熙〕南昌郡乘五十五卷

葉舟修　陳弘緒纂葉舟，上元人，進士，康熙二年知南昌府。

陳弘緒，字士業，號石莊，新建人，以諸生承父蔭，薦知晉州，貶為

潮州經歷，改知舒州，著有《江城名跡》二卷、《陳士業全集》十六卷等。

清康熙二年（1663）刻本　闕

光緒《江西通志》藝文略：《南昌郡乘》五十五卷康熙二年修。

《中國地方志聯合目錄》。

張朝璘序越數月，有南昌郡志續修之舉，鄉紳大夫請余歷來奏章刊入藝文。余以為儒者之論。志書之體，當以天文、地理、人道諸大務揭綱列目，備晰登梓，使後之人開卷了然，區區藝文，無關政事，不足道也。章奏是亦藝文之流，何可道也。迨索之至再，出以《撫江奏議》一部，請蠲浮糧諸稿，乃經選擇附載藝文者，較之前人章奏獨多。然藝文雖云小道，章奏有關政事，除弊利民，或亦通都人士願見願聞，千百世下可傳可頌之一道耳。志成，而請序於余……（康熙二年一陽之月中浣）

【按】是書五十五卷，卷一至卷三輿地志，卷四至卷七建置志，卷八卷九禮祀志，卷十卷十一水利志，卷十二至十四賦役志，卷十五至十八職官志，卷十九至二十五選舉志，卷二十六至三十一良吏志，卷三十二至四十一人物志，卷四十二至五十四藝文志，卷五十五雜志。《續修四庫全書提要》曰：「其書體例在清之初葉堪稱上選。輿地志各條皆標出典，尤為難得。其職官志追蹤於漢，即以太守而論，漢之可考者至二十人，吳之可考者至十一人，晉之可考者幾三十人，自晉以降益加完備。考核之精，於此可見。其藝文志不收書目，固屬可議。惟其所載以奏疏為多，皆關於郡之政事興利除弊之作，如請蠲浮糧諸稿，於郡之賦稅言之尤悉，雖屬藝文，頗關治道。奏疏以外，記亦甚繁，然亦皆為關郡之建置與夫古跡者，較諸備載無聊之詩賦辭章，賢乎遠

矣。其他水利志、賦役志，所載者皆稱精詳。惟全書無武備志，不免遺漏。按禮祀志宜以在祀典者為主，舉凡一切淫祠，理宜載附諸雜誌或建置志，此則所有寺觀悉列於禮祀志，亦殊非是。又良吏志所收各傳，值多與郡無關。胥為是志之不能盡愜人意者。」

〔乾隆〕南昌府志[1] 六十八卷

黃良棟修　熊為霖　馬俊良等纂黃良棟，號芝雲，大興人，乾隆四十六年由司經局洗馬任南昌府知府，四十八年回任。　熊為霖，新建人，乾隆七年進士，翰林院編修。　馬俊良，浙江石門人，進士，候補內閣中書。

清乾隆四十九年（1784）稿本　未見

馮應榴序重修大清一統志，維時齊年友黃君芝雲以名翰林預編纂之役，鈞考刪訂，期底於備。辛丑，由坊局洗馬奉命出守南昌，適余亦於是秋蒙恩司藩江右。甫下車，芝雲謂余曰：某承乏以來，政事粗舉，惟府志缺焉未葺，非所以徵文獻廣教化也。余應之曰：非翰林之職業乎？芝雲乃設局，聘名儒分手纂輯，身總其全，凡鈞考刪訂，一如修《一統志》時。越兩載，問序於余……（乾隆甲辰仲春月）

黃良棟序辛丑季夏，奉命出守茲郡。下車後索觀郡志，殘闕浸瀍，不能卒讀，蓋自康熙二年編輯以來，百餘年於茲矣。方謀葺而新之，椽吏捧牘而陳，知前守湯公葦棠已倡其議，旋以遷擢，未克果行……爰諮之故老，訪之士紳，廣延各邑之名宿，下榻鎖院中，殫心協力，稽古征今，以邑人志邑事，俾見聞各盡其長。予以公餘總覽大要，參求至當。於舊志之訛者正之，冗者刪之，闕者補之，釐為二十門，分為六十八卷。閱二載而

蕆其事，一切象緯、物產、制度、典章與夫人文、治化，無不犁然具備。雖取裁不敢不嚴，而凡可以勵世俗、正人心者，咸臚列焉，以期於信今而傳後……（乾隆甲辰仲春）

【按】乾隆己酉《南昌府志》陳蘭森序。曰：「乾隆丁酉（1777），前守湯公創議重輯。越四年而黃公芝雲始立局纂修，辟門別類，未竟而去。」己酉志卷末錄明洪武以下各志舊序，乾隆甲辰布政司馮應榴、知府黃良棟二序在焉，俱稱其志已蕆事。該卷末又錄《乾隆四十七年輯修府志銜名》及《修志原委》。其書督修為知府黃良棟、同知徐聯奎，纂修為熊為霖、馬俊良等二十二人，又列舉督理、校對人名及本府並各縣捐資名額。《修志原委》係甲辰、己酉兩修「督理」萬廷莘所撰，其略曰：乾隆四十七年，前郡守黃公倡修府志，集鄉先生於貢院，委廷莘駐其所經理之，且責以勸本縣捐貨，乃遵所立章程而支銷之，凡用銀三千一百兩有奇，計一歲而稿定，黃公乃匯而專屬之總修馬俊良，又逾年而黃公以事去任，書卒不成，而八屬樂輸之數糜耗亦盡，誠一郡之缺典而群情不能無遺憾者蓋四年於茲矣。由以上各款，知甲辰志稿已蕆事，未付棗刻，己酉所修乃以此稿為底本，二志皆分二十門，唯後志卷帙略增於前，光緒《江西通志》及《清史稿·藝文志》錄後志七十六卷為黃良棟修，蓋以此也。

〔乾隆〕南昌府志[2]七十六卷首一卷末一卷

陳蘭森修　謝啟昆纂陳蘭森，號長筠，臨桂進士，乾隆五十一年署知南昌府，五十二年調補，升本省鹽法巡道。　謝啟昆，字蘊山，南康縣人，乾隆二十六年進士，授翰林院編修，歷官浙江按察使、山西布政

使、廣西巡撫，著有《謝經堂集》《小學考》《史籍考》等。

清乾隆五十四年（1789）刻本　存

光緒《江西通志》藝文略：《南昌府志》七十六卷乾隆四十七年知府黃良棟修。

《清史稿藝文志》：《南昌府志》七十六卷黃良棟修。

《美國國會圖書館藏中國方志目錄》：《南昌府志》七十六卷首末各一卷清陳蘭森修，謝啟昆纂。乾隆五十四年刻本。

《中國地方志聯合目錄》。

陳蘭森序南昌舊有志，修於康熙二年，漫漶闕略，久無完本。乾隆丁酉，前守湯公創議重輯。越四年，而黃公芝雲始立局纂修，辟門別類，未竟而去。丙午春，予始調茲郡……乃於公暇圖所以竣厥事者。於是延訪士紳名宿，於戊申春重為置局，取芝雲舊本詳加訂正，有仍舊文不改者，有參眾議更訂者，複者刪之，缺者增之，自乾隆壬寅至今者亦為補載，體例詳略悉紀凡例中，分門二十，得卷七十有六，歲方一周而郡志於是戛然成書……（乾隆五十四年）

【按】此志之修，開局於乾隆五十三年正月，取前守黃良棟草本為之訂補，歷十有七月而藏事。甲辰、己酉兩度修志，南昌舉人萬廷莘皆任「督理」，本志卷末載萬氏所撰《修志原委》云：「乾隆五十二年冬，今觀察陳公以袁州郡伯調繁南昌。既蒞事，慨然念府志無完本，延名宿設局纂修，商度規條。甫集議而簡擢鹽法道。時志局初起，方切切然恐公不能兼及，而公竟肩其任。預期招延莘總司其事，凡館舍之需，庖湢之設，備考核之書籍，慎經費之出入，下至工匠之雕摹，稽查之周密，事無大小，悉屬焉。先是，乾隆四十七年，前郡伯黃公倡修府志，集鄉先生於貢

院，委廷莘駐其所經理之，且責以勸本縣之捐貲者。惟時南昌共捐銀千兩，而各屬紳士踴躍趨事，或輸之局，或輸之府，而轉發廷莘並敬謹收記，遵所立章程而支銷之，凡用銀三千一百兩有奇。計一歲而稿定，黃公乃匯而專屬之總修馬公俊良。廷莘亦即以經手出入據實冊報，清繳府署。逾年，黃公以事去任，書卒不成，而八屬樂輸之數糜耗亦盡，誠一郡之缺典而群情不能無遺憾者，蓋四年於茲矣。恭遇我公以光明正大之德，為修廢舉墜之政，而又博洽多聞，撝謙集益。自擢任而後，署陳臬，署總藩，公冗蝟集，獨毅然於一郡之志刻不忘心。在局諸公凡以稿呈政者，親為乙注可否，皆訂古酌今，期於至當……公以其暇督率工匠，日計月計，起於五十三年正月，迄十有七月而藏事，裝池成帙……」茲志卷首圖說，卷一沿革，卷二疆域，卷三至五建置，卷六至十一山川，卷十二至十四民賦，卷十五至十七學校，卷十八、十九武備，卷二十至二十四祠祀，卷二十五至二十七名跡，卷二十八祥異，卷二十九封爵，卷三十至三十五職官，卷三十六至四十四選舉，卷四十五至四十七名宦，卷四十八至六十七人物，卷六十八方伎，卷六十九寓賢，卷七十仙釋，卷七十一至七十四列女，卷七十五藝文，卷七十六外傳，卷末舊序、修志原委。《續修四庫全書提要》評曰：「其體例，各門皆以府為綱，以屬縣為緯。且各條皆標出典，所據典籍，第就沿革一門言之，即有《尚書》《爾雅》等數十種之多。且引書復標篇名……可稱為取材巨集富，記載有法。藝文志惟載書目，不收詩文，益合史志之體。普通志書所述祥異，類多涉於妄誕，此則以各史五行志為本，無言無據，絕無穿鑿浮誇之弊。惟檢全書不載物產，風俗

亦未言及，是其遺漏。」

〔道光〕南昌府志補

　　姜曾纂姜曾，字懷哲，號樟圃，南昌縣人，道光二十年舉人，著有
《章甫文蛻》等五十餘種。

　　清道光年間稿本　　未見

　　同治《南昌縣志》卷二十六藝文：《南昌府志補》姜曾。

　　民國《南昌縣志》卷五十三藝文。

〔同治〕南昌府志六十六卷首一卷末一卷

　　許應　　王之藩修　　曾作舟　　杜防纂許應，字星台，廣東番禺
人，咸豐三年進士，同治八年署南昌知府，十年調補。　　王之藩，字雨
孫，號小初，安徽鳳陽監貢生，同治十一年署知南昌府。　　曾作舟，字
秋帆，南昌人，道光二十四年進士，官刑部山西司員外郎。　　杜防，字
方滸，新建人，道光二十四年進士，陝西沔縣知縣。

　　清同治十二年（1873年）刻本　　存

　　《美國國會圖書館藏中國方志目錄》。

　　《中國地方志聯合目錄》。

　　許應序歲庚午，予自撫郡量移茲土，下車伊始，慨然思所以續之。
會大中丞劉公峴莊重修省志，通檄所部因時編輯，以資會纂。遂於在籍劉
養素方伯商榷行之，聘南昌曾秋帆比部、新建杜方滸司馬總其成，仍廣延
郡中多聞宿學之士分其任。興役未幾，予奉檄攝九江關道篆，移駐潯陽，
修志規模未遑舉為訂定。今年二月卸篆晉省，志已竣事，曾君出全書請
序。詳覽一通，其體例本舊志及省志頒發新章而損益之，視舊本時有補

正，所增事文亦不遺不濫，而年來兵事、忠義、節烈特加詳焉，夫而後八十餘年之事蹟，與夫軍興以來戰守之功、形勢之重、忠魂毅魄之當禡者，皆彰彰大備矣。顧是役也，經始於同治辛未之仲冬，告成於癸酉之季春。予赴潯後，接署郡事者為王小初太守，志之成，王君與諸君子之力居多……（同治十二年三月）

【按】是志始末已見許序，茲不贅。其書卷首為新序、銜名、凡例、目錄、繪圖、上諭，卷一至八地理類，卷九至十二建置志，卷十三、十四典祀志，卷十五賦役志，卷十六、十七學校志，卷十八、十九武備志，卷二十封爵志，卷二十一至二十七職官志，卷二十八至三十八選舉志，卷三十九至五十三人物志，卷五十四至六十一列女志，卷六十二藝文志，卷六十三至六十六雜類志，卷末舊序跋、舊修銜名、新修捐輸總目。卷末《新修捐輸總目》有按語曰：「舊志修於乾隆五十三年戊申，先後六年，費銀萬兩有奇，成書三十二本。此次局設文、謝二公祠，始事於同治十年辛未仲冬，竣事於十二年癸酉春杪，成書四十本，印刷三百部，費銀六千四百兩有奇，板存南昌縣學文昌祠。」《續修四庫全書總目提要》謂此志大體多仍乾隆志而記載加詳，搜羅富而記載有法，在南昌府志中堪稱傑作。

〔清〕志乘刪補

鄒樹榮纂鄒樹榮，號少陶，南昌人，同治三年舉人。

清末稿本　未見

民國十一年（1922）鉛印本　存

【按】此書為《南昌鄒氏一粟園叢書》之一種。鄒氏為同治

《南昌府志》協纂，同治府志既梓行，其訛缺乃在所不免，鄒氏為之補正，其識語曰：「舊志多謬缺，新志亦不能免，予雖在事，但時日甚迫，事權不專，故有此失，今以所見者補之。」其書分《南昌府志補正》《南昌府志補正考》《贛縣志條辨》三部分。《補正》《補正考》按《府志》原類目各為補正，凡百數十條。《條辨》所考雖非同治府志，以連類而及，並置為一書，體例與前二者同。

〔乾隆〕南昌縣志[1]七十卷首一卷

顧錫鬯修　蔡正笏等纂顧錫鬯，字孝為，號瓚園，錢塘人，進士，乾隆十四年知南昌縣。　蔡正笏，字書存，號松庭，邑人，乾隆四年進士，候選知縣。

清乾隆十六年（1751）刻本　存

光緒《江西通志》藝文略：《南昌縣志》七十卷乾隆十五年知縣顧錫鬯修。

《中國地方志聯合目錄》。

顧錫鬯序制憲黃公下車之始，檄所屬各修府縣志，尤以南昌首邑為惓惓。時餘令豐城。越歲己巳，調南昌，憲檄日至。乃進邑紳士於庭而詢之……於是采之邑中，訪諸境外，得博雅者若而人，余悉禮致之……遂訂以來年春開館授事焉……諸君子各以所司，殫精畢慮，矢公矢慎。脫稿矣，不自是也，偕同堂反復辨論，而乃折衷於余……書創於乾隆庚午春二月，成於辛未冬十一月，凡七十卷。刻既竣，為紀其始末於簡端。

【按】本志卷十七職官，記顧氏乾隆十五年任南昌知縣，據顧序及蔡正笏跋，當為十四年己巳。其凡例曰：「創修志書，發

凡起例皆折衷於諸史及各省郡邑之志，務求至公至當而後已。條目雖多，今以八綱領括之，曰天文，曰輿地，曰建置，曰官師，曰選舉，曰人物，曰雜誌，曰藝文，各從其類，不復不遺，而卷之多寡亦因之。」然《續修四庫全書總目提要》評曰：「是書以草創成篇，故子目分合多有未當。其天文志所徵引，多指一省一郡而言，如引《漢書·天文志》曰『戍吳越』，《晉書·天文志》曰『九江八斗一度，廬八斗六度』，與南昌一邑皆無關係。列傳間采本家狀述，中多浮誇失實。徵引史傳諸書，多為芟節，中多文義不貫，甚至誤以論說為事實，尤為草率。」

〔乾隆〕南昌縣志[2] 三十二卷首一卷末一卷

徐午修　萬廷蘭等纂徐午，字鬥垣，安徽歙縣人，乾隆三十九年舉人，五十七年知南昌縣。　　萬廷蘭，字芝堂，邑人，乾隆十七年進士，翰林院庶起士，順天府通州知州，著有《儷紫軒詩偶存》等。

清乾隆五十九年（1794）刻本　存

光緒《江西通志》藝文略：《南昌縣志》三十二卷乾隆五十九年知縣徐午修。

《中國地方志聯合目錄》。

徐午序是歲農乃有獲，稍稍休息。乃屬邑之耆舊綴輯志乘，期而書成，凡若干卷。凡山川沿革仍用舊例，別為水利一書，用備觀覽……（乾隆五十九年十二月）

【按】此志列目五十有三，不設綱以統之，其次第亦與顧志有異。據凡例，此志較前志增《三湖九津圖》《圩堤圖》，曰：「縣境處兩河下游，大半苦潦，圩堤之修，萬不可緩，茲仍舊志敘

列，添繪全圖，復於要害各工加高培厚，申明險易，蓋躬親履勘，非紙上空文，是在留心民瘼者」；又較前志增形勢、氏族二目；又於星野、諸貢、列女諸目就前志而斟酌損益之；其餘則一仍前志及府志成規。道光六年縣志凡例曰：「邑志凡經三修，自顧志創始，其體例之嚴整，敘次之雅潔，在續修者正當恪遵而稍增飾之耳，徐志大肆更張，殊嫌多事。」

〔道光〕南昌縣志[1]四十卷首一卷末一卷

　　阿應麟　文海　徐清選修　彭良裔等纂阿應麟，字鏡潭，甘肅張掖人，嘉慶七年進士，道光元年知南昌縣，卒於官。　　文海，字靜涵，鑲黃旗漢軍義學生，道光四年由龍泉調知南昌縣，升景德鎮同知。　　徐清選，字湘浦，湖南巴陵人，乾隆四十八年舉人，道光六年由豐城調知南昌縣。　　彭良裔，字鬥槎，一字硯農，邑人，嘉慶四年進士，翰林院編修，著有《六壬類編》。

　　清道光六年（1826）刻本　存

　　光緒《江西通志》藝文略：《南昌縣志》四十二卷道光六年知縣阿應麟、文海重修。

　　《中國地方志聯合目錄》。

　　文海序舊有志，創於乾隆辛未，修於甲寅，迄今歲月塵邈，掌故缺略。前令阿君鏡潭承中丞檄纂修，未蕆事而厭世，識者惜之。余於甲申春由龍泉調是邑，簿書之暇，與邦之碩彥徵文考獻，核實訂訛，越期而成四十二卷。（道光六年孟夏月）

　　阿步伊跋先君子以進士出宰西江，道光元年調任南昌。越二年，大吏有續修通志之舉，檄屬縣修邑乘。南昌為諸州縣先，弗敢緩，遂與邑中

諸賢士夫往還商榷，集資分事。以是年七月開局，裁定章程，取顧、徐二志斟酌損益，而以乾隆甲寅以後之人物事蹟依次彙編。纂修諸君遠稽近考，備費心力，先君子亦往復研求。凡十閱月，諸稿初具，先君子不幸遘疾，遽捐館舍，未克蕆事，接任裹平文靜涵先生博雅通儒，續加釐訂，精心考核，務臻完善，又十有八月書成。

【按】茲志始末見文序、阿跋。書分門十四，曰輿地、建置、官師、賦役、學校、典祀、選舉、人物、列女、祥異、古跡、藝文、雜誌、拾遺。《續修四庫全書總目提要》曰：「其書於賦稅志備極措意。按南昌田賦在明季浮糧奇重，清初先後蠲除。舊志於此載焉不詳，此志將歷代賦額與蠲除始末詳載無遺，堪稱扼要。其書體例，選舉志凡援例但捐職銜冠帶榮身者，與人物志善士不能澤被一方僅以好善樂施為詞者，皆不濫登。又雜志中附載村莊姓氏，凡一縣氏族無一不備，較之惟載一二巨室友者殊為得體。惟其藝文志，除載書目及詩文外，若世家大族曾邀御賜匾額聯句或詩者，多亦收入，則又未免過濫。考舊志有天文志，此志刪之，固極有見；而其輿地志仍列星野一目，其信分野之說，與立天文志又何異乎。」

〔道光〕南昌縣志[2] 三十九卷首一卷末一卷

慶雲　張賦林修　吳啟楠　姜曾纂慶雲，字書五，駐防京口蒙古鑲白旗人，道光十八年進士，二十五年知南昌縣，升寧都直隸州知州。　張賦林，直隸順天通州人，道光二十四年進士，二十八知南昌縣。　吳啟楠，原名笏，字秀庭，道光二十一年進士，任九江府教授，著有《經說存疑》等。

清道光二十九年（1849）刻本　存

光緒《江西通志》藝文略：《南昌縣志》道光二十九年知縣慶雲續修。

《中國地方志聯合目錄》。

慶雲序會甄甫大中丞議修江西通志，檄飭各屬匯呈志書。南昌前志完帙具存，惟二十餘年以來事蹟尚闕。乃與賢士大夫商榷補纂，設局於府學之賜書樓，閱一歲而工藏。夫闡幽表微，採訪周乎四鄙，勤也。不改原書，遵其條目而附益之，慎也。前人偶有訛漏，別為續增若干條，附諸每卷之末，以匡謬而拾遺，密也。是編既成，不特徵文考獻，足備通志之采……（道光二十八年冬月）

吳啟楠跋丁未之冬，江省大吏檄飭各郡縣修輯志乘，時蓋欲為修省志地也。吾邑邑侯因邀集邑中諸君子共商此舉，楠已辭不與議。戊申春初，復經諸君子堅欲約楠到局，不敢固辭，遂告諸同人曰：吾邑邑志自以顧侯創修之本為佳，特既屢經改易，今所存阿畢實修於道光初年，去今未遠，版片完好，理亦不宜毀棄，似只宜將今此二十年來事實續增數卷，別附於後；至吾人所見固有與舊志不同處，亦可即此續增之數卷中稍稍為前人補闕拾遺也。時姜君樟圃所見亦同。但樟圃於平昔早有補訂舊志之稿，又不欲攙入續增中，遂定議酌為續志數卷、補志數卷。自二月命筆，至五月則續志已成。楠意便欲付梓，乃同輩疑之，謂一書而分三截，似為未可。因議仍合三為一，而樟圃補志又實不願攙入，不得已遂將所輯續志之稿散入各卷之末，仍可不毀舊板，則事力不至太煩，即縻費亦不至多也……至如舊志所未及，亦尚私有所見，則留待樟圃別志，其詳今固無取乎贅述云爾。（道光己酉仲冬月）

【按】此志始末，悉見序、跋中。其體例，則凡例中記之甚

詳，其略曰：「阿志修於道光初年，書成未久，板片完好，理宜仍而用之，庶幾事半功倍，良以歲之不易，勢不容不顧惜物力，且期於速成也。今但於各卷之尾標立『存舊』字樣，次曰『附記』，次曰『續增』。存舊者，凡顧志、徐志有，未應刪而阿志刪之者，稍節錄而存之也。附記者，於阿志復微有辨證也。續增者，則二十年來近事也。」「各卷俱先錄阿志，而節存顧志、徐志於後。惟首卷乃先顧志而後阿志者，因阿志既無天文一志，今仍依顧志補出，正自不得不爾，非故與他卷岐也。」「各卷稍有移易舊章處，已於卷內注明。」「『續增』內亦間及舊事，然不多。及其遺文軼典有出舊志外者，另輯《補志》數卷，用備後人之採擇焉。《補志》嗣出。」《續修四庫全書總目提要》曰：「新增者惟人物、選舉獨多，餘皆寥寥。其續增之最可貴者為賦役志，因清季《賦役全書》每十年則修輯一次，頒發各直省州縣，此志因據道光二十三年所頒發者錄之以續舊志。其各門某為顧志，某為徐志，某為阿志，某為續增，悉行標出，頗合志法。惟某條出自某書則未標明，究仍不無遺憾。兼之全書無武備志，但卷三十七之雜誌中列兵革一目，亦極簡略。且以武備與祥異較，自以武備為重要，而祥異竟自立志，武備反闕。使以卷二十八之祥異志易為武備志，而以祥異附諸雜誌，則緩急自較適宜矣。」

〔道光〕南昌縣志補

姜曾纂

清道光年間稿本　未見

同治《南昌縣志》卷二十六藝文：《南昌縣志補》姜曾。

【按】姜氏著述宏富，同治、民國縣志著錄凡五十餘種。民國縣志卷五十三藝文有按語曰：「樟圃撰著五十餘種，已刻行者《文蛻》而已。帥方蔚所序《遺稿》七卷，卷一為經解，卷二以下為雜文，多辨論考據之作。」據道光己酉縣志吳跋，此書蓋補顧、徐、阿諸邑志，其稿成於己酉之前。姜氏與纂己酉縣志，但不願以己稿攙入各卷中，故別為《補志》。己酉志凡例稱「補志嗣出」，似究未能刊行。

〔同治〕南昌縣志三十六卷首一卷末一卷

陳紀麟　汪世澤修　劉于潯　曾作舟纂陳紀麟，字簡齋，河南光山人，道光二十四年進士，同治九年知南昌縣。　　汪世澤，號少谷，雲南昆明人，咸豐三年進士，同治九年知南昌縣事。　　劉於潯，字養素，邑人，道光十四年舉人，官至甘肅按察使，贈內閣學士。　　曾作舟，字秋帆，邑人，道光二十四年進士，官刑部山西司員外郎，咸豐十年棄官歸里，主講友教書院。

清同治九年（1870）刻本　存

《中國地方志聯合目錄》。

劉于潯序大中丞劉公峴莊首開採訪忠義局，於官紳士民盡節江右者靡不備載。而志書又各傳紀之根柢也，繼復開纂通志局，凡江西郡縣志皆奉檄分修，而南昌實首邑，當始事。予因與曾公秋帆倡言於眾……今茲志凡五纂，因原編而續增成帙者已再，苟仍其舊，則斷簡累然，慮無以稱大雅，盍統前數志而會通編輯之。眾曰善。予因首捐經費以為倡。僉以燕君果庵能肩此任，爰邀集孝廉鄒君少陶、蕭君養予、茂才姜君子將、鄒君芸台分領舊本，參互考訂，闕者補之，複者芟之，誤者正之，所謂一續再續

之書皆匯而使合，總名纂修，彬彬乎成一代典制之書矣……（同治九年閏十月）

　　燕毅跋去臘，中丞劉公議修通志，傳檄郡邑各編實跡以備搜求。縣主暨邑大紳僉以毅繭足鄉邦，諸凡可悉，邑乘之修或亦勝任，再四敦迫，未許固辭。幸得鄒君少陶、姜君子將博識多聞，長於論古；蕭君養予、鄒君芸台周詳鑒別，雅善證今。憫前修之畏難就簡，累次續增；鑒群情之是己非人，神同聚訟。咸願蠲除畛域，各取其長。體例則遵通志局新頒。凡有登刪，悉由會議。焚膏繼晷，合訂參稽，自三月三日啟局，至十月朔日稿成，都為三十六卷，計一百二十萬言。事增於舊，文減於前。費不藉捐，皆榮封祖父者所自出，而養素劉方伯實首倡之。甫脫稿，即呈縣主暨劉公養素、曾公秋帆核定，斟酌損益，悉聽裁成。梓成，謹述其顛末於卷尾。（同治九年閏十月）

　　【按】據陳鼎昌（陳紀麟子）跋，紀麟於同治九年春正月蒞任，是年春病故。汪氏繼任，續成此志。又本志《銜名》，劉于濤、曾作舟為總纂，纂修為燕毅。燕毅字果庵，邑人，咸豐元年舉人，以軍功保知府銜。此志纂輯，燕氏其功居多。是書體例一準省頒章程，會通乾隆以下數修邑乘，分門十四，為卷三十有六。其卷目為：卷首新序、銜名、凡例、目錄、繪圖，卷一輿地志，卷二卷三建置志，卷四官師志，卷五賦役志，卷六學校志，卷七至卷九典祀志，卷十至十三選舉志，卷十四至二十一人物志，卷二十二至二十四人物志，卷二十五卷二十六藝文志，卷二十七卷二十八武備志，卷二十九祥異志，卷三十卷三十一古跡志，卷三十二至三十六雜志，卷末舊修序跋、新跋、捐輸名額、所費各項支出、全志訂冊定規及每卷頁數。本志凡例曰：「武備

志四志所無，近因咸豐癸丑粵匪竄省，分犯各郡，蔓延十餘年……謹另立武備志，以前所志兵防、驛遞、兵革移置於前，而以江軍紀事始末、團練事宜等備列於後。」又曰：「藝文志……今依班史例，擇其鴻篇巨制略載於本人傳後，而藝文只載書目。其書集有名序可傳者，亦散見於其中焉。」此胥為是書異於前志者。

〔民國〕南昌縣志六十卷

江召棠修　魏元曠纂江召棠，字伯庵，號雲卿，桐城人，監生，光緒二十六年由上高調署南昌知縣，光緒三十年再任，三十二年被戕。魏元曠，原名煥奎，字斯逸，號潛園，邑人，光緒二十一年進士，刑部主事改法部主事，調署京師高等審判廳推事長。

民國八年（1919）刻本　存

民國二十四年（1935）鉛印本　存

《中國地方志聯合目錄》。

魏元曠序桐城江公雲卿舉其役，以屬予。時予官司寇，方北行，且重難其事，而不敢輕以之自任，辭焉。丙午二月，公遇害。丁未，予以憂家居，無以解於邑君子之責，遂亦未敢固以不敏謝……明年，屬有遼瀋之行。又明年，居京師。咸以其書自隨。於時新政繁興，教令建設日月異制，書亦數更而不能定。迨宣統三年十二月，明詔遜位，國內稱共和，然後是書之制可得而裁也。郡縣之朝，三統之紀，始漢渡江之年，終清遜位之日，總前志之成，別後來之創，雖曰官家掌故，亦可為一家之言……初，予薦鄒樹常靄春、唐夢庚金生兩孝廉於江公，鄒已七十，昕夕無間，閱兩載，采輯略備。予因所錄資前諸志之賅洽，以其書自隨者且六年而始

成，鄒、唐及在事諸君已多物故……

　　汪浩序光緒甲辰，桐城江明府雲卿謀續修之，而以纂輯之任屬邑縉紳魏斯逸先生。會辛亥遜國，改稱共和，陵谷山川感滄桑之異，政教禮俗有今昔之殊。斯逸先生雖已裁成是書，而藏稿於家。諸君子懼夫時移境異，文紀軼亡，請得而出之，加以披采，依例增補，用付手民。浩適宰是邑，樂觀厥成，因以一言弁其端……（民國八年七月）

　　【按】是書六十卷，列為十九門，曰緯候、方域、河渠、建置、賦役、學校、典祀、官師、選舉、仕籍、氏族、人物、列女、藝文、兵革、祥異、風土、古跡、雜傳。《續修四庫全書總目提要》曰：「其書搜羅較舊志皆稱宏富，體例亦多改革。其方域志，於輿地沿革所輯為舊志所無者十之三四，故其功不惟增新，且能補舊。惟舊志有沿革表，此志不采，是為闕如。陳志所增武備，為補以往各志之巨漏，此志悉行刪去，亦不移附他門，可謂荒謬絕倫。且光、宣之際，新政已漸推行，關於賦役者煙、酒、公債等稅，關於交通者若郵電諸局，關於選舉者若畢業人數，與夫農林、教堂之類，皆未言及，可謂不知因時制宜。雖搜輯較富，亦感功不補過。」

〔民國〕南昌紀事十四卷首一卷

　　汪浩修　周德華等纂汪浩，號俊卿，安徽人，民國七年一月來任南昌縣知事，八月回任。　　周德華，號潤齋，邑人，清增生。

　　民國九年（1920）活字本　存

　　《中國地方志聯合目錄》。

　　汪浩序去歲五月，邑縉紳重修縣志，浩適宰是邦，躬與其盛，閱十

有一月而書成，既喜而序之矣。惟魏君紫侯先生所纂輯者，止於清帝遜位，體例宜然，而於國民初元之事闕焉不有著錄，非所以振墜昭來也。胡君晃南、周君潤齋、段君遁庵有見及此，於是與胡君小彭、吳君誨傳、程君任之、李君信侯，旁征博聞，依類掇拾，分為十四門，顏曰《南昌紀事》，翔實允當，洵信史也……（民國九年）

周德華序前清甲辰，江雲卿邑侯聘鄒君藹春、唐君金生任纂輯之責，皆一時名孝廉，蓄道德，能文章。德華不敏，亦與胡晃南諸君承乏任分輯采搜，閱兩寒暑，續增之而已。魏君斯逸繼鄒、唐兩君之任，乃合前五志體例，因革損益，斟酌無憾。歷五載，稿始成。嗣因清帝遜位，改為民國共和，未暇付諸剞劂。至今日政教維新，規模閎遠，倘合兩朝連類書之，不幾相抵牾乎……汪俊卿縣長有鑑於此，於是與鄒毅丞、段純盦諸君一再商榷，首將魏君手定志稿及有關於南邑之詩文分任讎校，付諸手民。凡屬民國初元之事蹟，略仿記事本末之體例，復與諸君詳加搜輯，據事直書，即間有清志所遺漏者，亦略補一二，都為十四類，以圖說冠其首……（民國九年四月二十一日）

【按】是書繼魏志之後，記民國元年至八年事。書不以志名，其類目則頗同於志乘，所記民國初元數年之事，足以補魏志之闕。其十四類為建置、賦稅、學校、典祀、官警、教育、選舉、職官、褒獎、列女、兵革、祥異、雜記、遺文。

▶ 新建

茲錄得新建舊乘凡十種。始修於宋，乃天聖間余靖所輯。明志二種，其中邑人丁之翰所纂洪武《圖志》一種，或疑此書即丁氏《南昌府圖志》

之部分，今無以考斷，姑分錄之。又清志六種，民國志一種。宋、明志久
佚，清志皆存，民國志稿本僅存殘帙。

宋太平興國六年，析南昌縣地置新建縣，與南昌分治郭下。元屬龍興
略。明、清屬南昌府。

〔天聖〕新建圖經

余靖修余靖，字安道，韶州曲江人，進士，授贛縣尉，天聖間知新
建縣事，歷官工部尚書，卒謚襄。

宋天聖間修本　佚

《輿地紀勝》卷二十六，隆興府，碑記：《新建圖》經余襄公
撰。

光緒《江西通志》藝文略。

《中國古方志考》。

《江西古志考》卷二。

〔洪武〕新建圖志

丁之翰纂丁之翰，字季藩（一曰字仲真），邑人，元至正七年舉人，
明洪武三年任新建縣學教諭，遷進賢教諭，征為主事，以疾辭，著有《潛
夫集》等。

明洪武間修本　佚

【按】據康熙《新建縣志》卷四官師表，丁之翰以洪武三年
來任新建縣學教諭，繼任者盧景宣亦新建人，洪武五年來任。又
卷十七有《丁之翰》，曰「……征為主事，以疾辭還職，著《潛
夫集》及編本府《圖志》」，此《圖志》即指洪武十一年知府王

莊所修《南昌府圖志》。或曰丁氏《新建圖志》即《南昌府圖志》之一種；或曰前者另為一書，且成書早於後者數年。今無以判明，姑分錄之。

〔萬曆〕新建縣志

喻均纂喻均，字邦相，邑人，隆慶二年進士，補蘭溪知縣，累遷松江知府，升天津兵備副使，著有《前後山居集》等。

明萬曆間修本　佚

【按】自康熙至同治諸邑志，均有喻氏傳，或入文苑，或入賢良，然皆不載喻氏纂輯邑志事。道光邑志雷學淦序云：「舊傳有邑人丁之翰《圖志》、喻均《舊志》，其書湮沒。」又道光二十九年彭宗貸序曰：「及元末丁季藩編本府《圖志》，方露端倪。明時喻邦相輯舊志，乃覘嚆矢。然迭遭兵燹，兩書無存，是以邑乘仍闕如也。」知喻氏輯有邑乘，約成書於萬曆末年，其書久佚，無以考知其詳。

〔康熙〕新建縣志三十卷首一卷末一卷

楊周憲修　趙曰冕等纂楊周憲，字覺山，大興人，康熙三年進士，授江西興安知縣，康熙十九年知新建縣。　趙曰冕，字章峨，邑人，順治九年進士，翰林院庶起士，改吏部主事，遷湖廣按察使。

清康熙十九年（1680）刻本　存

光緒《江西通志》藝文略：《新建縣志》三十卷康熙二十年知縣楊周憲修。

《中國地方志聯合目錄》。

楊周憲序今夏仲，條請其事於上憲，咸報可。乃禮薦紳先生於堂，是訓是行；揖博士弟子員于庭，爰謀爰度……提綱析目，起例發凡，一以紫陽當陽為斷。又復搜遺訂誤，各綴弁言。浹六旬而告竣，為圖凡十五，表凡三，考凡二十有三，志凡五，傳凡十四，為卷三十。乃捐私橐，付諸剞劂氏……

【按】此志卷首有序文十三篇，除楊氏自序未題日月外，其餘皆署康熙十九年庚申，最晚者為「十月既望」。光緒《通志》錄為康熙二十年，不知何所依據。其書合首末共三十二卷，卷首序、凡例、目錄，卷一輿地圖十一幅，卷二星野圖四幅，卷三歷代沿革表，卷四官、師表，卷五選舉表，卷六卷七建置考，卷八學校考、書院考，卷九壇壝考、祠廟考，卷十食貨考，卷十一山川考，卷十二風俗考，卷十三古跡考，卷十四賦役志，卷十五水利志，卷十六兵防志，卷十七至二十藝文志，卷二十一軼事志，卷二十二名宦傳，卷二十三流寓傳，卷二十四至二十九人物傳，卷三十仙釋傳，卷末通詳、徵事蹟詩文啟、論辨書、選舉人物書後、正訛隨筆。《續修四庫全書總目提要》曰：「其書所分子目頗為零亂，蓋亦創修者之通病，亦未能獨為此志咎。而其所列各表，皆先列小序，間附以論，亦頗簡明有法。賦役所列各表，開志書之所無，尤為可貴。惟其官師表，後附一《新建縣題名記》，可稱無謂……其風俗考云：俗好溺女，有《禁溺女歌》云：女一怨兮怨無親，父兮母兮生我無辰，男此人，女此人，鞠一殺一何不均，荊釵布裙，及期婚姻，君子以與有家兮不患貧；女二怨兮怨無憐，天施地生何莫不仁，恩斯勤斯，鬻子之憫，胡為乎視赤子無知，而猶不若越人之視秦。凡此皆極知注意於社會

狀況，識尤卓絕。大抵纂者思想有餘，特昧於體例。」

〔乾隆〕新建縣志七十四卷首一卷末一卷

邸蘭標修　曹秀先纂邸蘭標，字香祖，江蘇溧陽人，康熙五十九年舉人，乾隆十一年知新建縣。　曹秀先，字芝田，邑人，乾隆元年進士，歷官四庫全書副總裁、禮部尚書，著有《師席淵源考》《賜書堂稿》等。

清乾隆十五年（1750）刻本　存

清道光十年（1830）重刻本　存

光緒《江西通志》藝文略：《新建縣志》七十四卷乾隆十五年知縣邸蘭標修。

《中國地方志聯合目錄》。

邸蘭標序往者丙寅之冬，余自瑞金移新建。搜史具志乘以觀，為舊令楊君覺山手定之書。時日暇遠，事近因仍。丁卯夏，延邑之士大夫謀所為增葺者，僉謂令宜載筆，是以令重也。余辭不敢任，猶豫兩載。己巳秋，總督宮保尚書黃公檄下郡縣重修志乘，邑之士大夫得間而請，願輸貲理焉，且曰：新建雖小邦，尚有文獻，昔在庚申之役，兵燹踵禍，事多隱諱，闕焉不詳，及今收拾之，庶以副上大夫所期，亦敝邑之幸也……余偕邑士大夫踵門而請曹君。既獲命，宴於縣庭，設館視事，迄今遂有成書……

【按】茲志以總綱為經，以碎目為緯，不泥古史之體，但求辭達而已矣；志內各碎目所由命義，各設小序，言之甚詳；又人物傳多引史書而不作刪汰：是皆為本志之特點。志凡七十六卷，卷首序文、目錄、舊序、凡例、修纂姓氏、繪圖，卷一至三天文

志，卷四至十一輿地志，卷十二、十三邑肇志，卷十四至二十一營建志，卷二十二至二十四爵秩志，卷二十五至三十二選舉志，卷三十三至四十四人紀志，卷四十五至四十七氏族志，卷四十八、四十九武事志，卷五十至五十二勝跡志，卷五十三至五十五二氏志，卷五十六至七十二藝文志，卷七十三、七十四類事志，卷末聘啟、複啟、志館約言、縣志釋義、曹秀先後序。

〔道光〕新建縣志[1] 七十四卷首一卷末一卷

雷學淦修　曹師曾纂雷學淦，字湘潾，順天通州人，嘉慶舉人，嘉慶十七年署新建縣，道光二年由南城調知新建縣事。　　曹師曾，字雲浦，晚號稀堂，邑人，歷官兵部左侍郎。

清道光四年（1825）刻本　存

光緒《江西通志》藝文略：《續新建縣志》道光四年知縣雷學淦修。

《中國地方志聯合目錄》。

雷學淦序嘉慶壬申，余嘗攝篆於斯，凡民情習尚，山水名跡所在，無不熟悉周知。上年春，復由南城移調承乏茲土……適奉檄纂江右通志，並飭各屬預修邑志，以備參稽。時太常曹雲浦先生給假回籍，素具鴻才卓識。余閱舊志，又本其先宮傅文恪公手定。遂禮請而丏為總輯，並延各鄉紳士啟局分纂。幸先生不惟不予棄也，且偕邑紳士等矢公矢慎，踴躍搜羅，精勤校訂，歷一寒暑而卷帙告成。請敘於余。余按其體例，一遵舊志……（道光四年嘉平月）

【按】此志體例悉仍乾隆志之舊，卷首先錄邸志凡例，再列本志凡例，曰：「邸志凡例斟酌盡善，是編無敢妄易，凡屬邸志

所載事宜悉仍其舊，即新續者亦概遵舊志體裁。」唯《南昌府志》刊於乾隆五十四年，距邸志後四十年，凡未載邸志者悉據府志增入；至爵秩、選舉等志，有邸志所遺、姓名互異者，亦按府志補載，以俟參考；又鄉落地名，亦有邸志載而未備者，則據耳目所及查訪補入。其餘各處，唯列女所載較邸志加倍，而藝文僅增《西昌書院序記》而已。記事下訖道光四年。

〔道光〕新建縣續志十一卷首一卷

雷學淦等修　曹師曾　曹六興纂曹六興，號霞城，邑人，歷官四川、安徽布政使。

清道光十年（1831）刻本　存

《中國地方志聯合目錄》。

雷學淦序新建為江右首郡附郭邑。嘉慶壬申，余嘗攝篆茲土。吏以志乘進，蓋邑先賢宮傳曹文恪公所手定也。體例嚴明，去取賅核，為佩服不諼。道光壬午，余自南城調任於是，適奉檄纂修《江西通志》，飭各屬預修邑乘，以備采摭……因設局搜采，越數月，以底本呈核，曰：某等才乏三長，無能為役，謹以宮傳舊志分門增錄，輯為全書，敢以復侯命。余曰：不然。前人有著作，既經後人損益，不得復仍舊名，使其跡久而就湮，是掩善也；且使觀者疑於後之所為，是攘善也……是不如舊志仍其舊，而以茲七十餘年來人物事蹟別為續集，庶廬山之面目具存，而後來文獻亦不至無征，斯兩得之耳。僉曰：然。公餘之暇，重加核訂。編次未就，量移義寧州牧。今司馬霍松軒時治斯邑。余每以邑乘不及告成為憾，往返商榷，窊寐縈之。歲戊子，余引疾去。明年，起假來江右。又明年冬，新舊兩志刊刻蔵事……諸君子搜輯事實，俾餘草創之，霍松軒司馬討

論之，張春槎明府修飾之，余得前署吳城司馬浮梁顧鹿畦明府潤色之，而鄉先生曹霞城方伯、夏森圃廉訪、程晴峰廉訪捐貲刻成，邸志《續志》，校對精詳……（道光十年冬月）

曹六興跋諸君即邸志舊本，分門增輯，泐為成書，以復我雷侯。雷侯未之善也，重加釐正，使邸志、《續志》各還廬山真面。編輯未成，遷義寧州牧。嗣蒞縣事者為今郡司馬松軒霍侯暨春槎張侯，公餘考訂，積成卷帙。前署吳城司馬浮梁顧侯，三長才也，浼為潤色焉。遍歷數年，並庚寅以前事實概行采入，成續志若干卷，屬餘參校……適夏森圃廉訪、程晴峰廉訪先後道出裡門，願分廉助刻。庚寅冬始得蕆事。回憶經始之時，蓋九易寒暑矣……（道光十年嘉平月）

【按】此志有雷學淦、霍樹清、張湄、顧倬橋序及曹六興後序，敘修志始末甚悉。此志命曰《續志》，其記事上承乾隆邸志，下訖道光十年，邸志及新輯《續志》並付剞劂。其凡例曰：「凡舊志目錄所有，《續志》所無者，皆於各門小引申明意義；其舊志所存，今已廢者，載明續志；舊志所存，今亦存者，概不載入，以符續修之例。」「圖，凡舊志已繪之外不贅。」「輿地志，自舊以來無可增損；惟賦役則視年之有無而酌減；水利則度地之高下而修增。故賦役則本《全書》，水利則舉至要為續入之。」「鄉舉里選……概行續入。」「前賢名作如林，舊志搜羅甚富，今續志意存簡質，惟舉一二有關典要者增入。」郡邑志乘名「續志」者並不鮮見，然如此志以續增部分與原志各另刻為書者則實屬罕覯。霍樹清，字松軒，陝西朝邑人，嘉慶七年進士，道光五年知新建縣事，升南昌府總捕同知。張湄，字春槎，河南汲縣拔貢，道光八年署新建縣，道光十年實任。顧倬橋，字鹿畦，武成

人，進士，署南昌府吳城同知，知浮梁縣。是皆繼雷氏而畢成此志者，「纂修姓氏」中列為「鑒定」。

〔道光〕新建縣志[2] 九十卷首一卷末一卷

崔登鼇　彭宗岱修　塗蘭玉纂崔登鼇，字仙洲，山東壽張人，道光元年舉人，二十六年知新建縣。　彭宗岱，貴州貴築人，道光二年進士，翰林院庶起士，道光二十九年知新建縣事。　塗蘭玉，字含白，邑人，由增生充嘉慶九年恩貢，著有《西山志》《江城名跡補》。

清道光二十九年（1849）刻本　存

光緒《江西通志》藝文略：《新建縣志》九十卷道光二十九年知縣崔登鼇修。

《中國地方志聯合目錄》。

崔登鼇序歲丁未，上憲議修省志，檄各屬預修邑志，以備採錄。予敬以《續志》進。雖然，《續志》之修，距今十有九年矣，時序迭更，人事遞嬗……不無待補葺。爰延邑人士之能事而博於掌故者商榷重修。予方慮事繁而工巨也，乃諸君子任之毅然無難色，懷鉛握槧，訂舊增新，統前後聯貫為全志九十卷……事將蕆而問序於予……（道光二十九年正月）

彭宗岱序去歲戊申，崔仙洲司馬因上憲檄修省志，延邑人士預修邑志，事將蕆而擢升。余承乏，展視舊志、續志、新增，各歸事類。聯貫為九十卷……

【按】此志將乾隆邸志、道光《續志》及新增事類各相聯貫，都為九十卷，為綱十五，為目五十有九，體例悉仍舊志。舊志所載，苟非訛誤則不予刪易；舊志類證所采原書有遺誤者，就原書較正，且加注出處；人物、寓賢各類，舊志有遺漏而有古書

確據果繫本邑者據補；橋樑、津渡、寺觀，舊載紛如，此志條其
次第，以易於披尋。《續修四庫全書總目提要》評此志：「其書
大綱尚無巨謬，惟所繫子目諸多不倫。如田賦、食貨皆有關於國
計民生，理宜另辟一志，今皆繫於輿地志，且有賦無役，戶口亦
付闕如，殊失輕重之旨。風俗理宜繫於輿地志，此竟繫於邑肇
志。按邑肇志為輿地之沿革，與輿地本應合併，獨立一志為計已
迂，且其卷數雖繁，記載則甚簡略。所可差強人意者，舊志若
祥、兵氛等類，證以所采原書，多有遺誤，此則自漢迄明末，據
群書增百數十條，訂正數十條，逐條標明書目，計所參考有……
數十種之多。惜其他各門未能若此，大抵成於眾人之手，有賢愚
之判矣。」

〔同治〕新建縣志九十九卷首一卷末一卷

　　承霈修　杜友棠　楊兆崧纂承霈，號雨農，漢軍正黃旗人，生
員，同治二年知新建縣，同治九年回任。　　杜友棠，字若洲，邑人，同
治六年舉人，候選教諭。　　楊兆崧，字夢嶽，邑人，道光十一年副貢，
補用知縣。

　　清同治十年（1871）刻本　存

　　《中國地方志聯合目錄》。

　　承霈序新建之作邑也自宋始，而其為志也則權輿於國朝。舊傳有邑
人丁季藩《圖志》、喻邦相舊志，二書散佚不足徵。康熙間，楊太令覺山
創為初本，於是有志。其後宮傅曹文恪公修之，曹霞城方伯再修之，塗舍
白明經又修之，前後百數十年間，作者迭出……會峴莊劉大中丞有通志之
舉，檄各州縣修輯，備輶軒。遂亟延邑之具著作才者主之，能文者輔之，

斟酌損益，不數月而書成。其義類除按舊志外，補增書目一條，重新例
也……（同治十年孟夏月）

【按】此志體例悉仍舊志，唯藝文志中增書目一類，其見於
《四庫全書》者則錄其提要，《四庫》未載者，則仿《郡齋讀書
志》《直齋書錄解題》之例，采輯諸家序論以著於編。此志較舊
志新增者，以武備志為詳。

〔民國〕新建縣志一百二十卷首一卷末一卷

傅少胥等修　程學洵等纂傅少胥，江西宜春人，畢業於中央大
學，民國三十六年任新建縣縣長，著有《影史樓詩存》。　　程學洵，字
伯臧，邑人，清光緒間舉人，任奉天知府、湖北知府、江西省政府秘書、
江西通志館協纂。

民國三十八年（1949）稿本　闕

王迪諏序邑乘失修已久，辛亥老人丁立中有見及此，嘗先後延聘邑
人李凝、楊增舉從事重修，經費已籌，嗣以李、楊因事他去，致未開局。
丙子仲春，邑中又有重修縣志之議，聘熊騰主其事……未幾，以經費支絀
而罷。抗戰時期，省府因陳任中之創議，設江西通志館於泰和橘園，聘南
豐吳宗慈為總纂，新建程學洵、張劼為協纂，從事纂修《江西通志》。時
以贛北、贛東、贛西大都淪為鬼城，志材訪求匪易，乃有先修縣志後修通
志之議……迨丁亥秋，江西有籌設縣文獻委員會重修地方志之舉，我縣亦
奉命設立，聘程學洵為主任兼總纂，並廣延邑人陶緒洵、葉仞芳、熊子
理、蔡舒、閔天培為協纂。余亦受聘為纂修，任藝文志、選舉表、近代人
物傳諸稿撰述。歷時二年，其餘各稿均已次第竣事，由總纂彙編成書，都
凡二百餘萬言，視舊志增補既多，且更翔實……（己丑年孟夏月）

【按】此志始末，主序記敘已詳，不復贅述。其書凡百二十卷，為考者九，為表者七，為略者三，為傳者五，其體例與邑舊乘多有異同，茲據其書例言列舉數端，以見其大要：舊志天文分星野、祥、占驗三目，雖班書已有五行志，不當於今科學昌明之日，存此荒唐迷惑之談，故今悉削之；舊志以田賦、食貨並附輿地志，非是，今食貨別為考，以民賦附人；舊志有邑肇志，內分沿革、風俗二子目，今以沿革附入疆域考，風俗附入禮俗考，邑肇之名不必存矣；舊志學校列營建門，事關教育歷代制度沿革，語焉宜詳，今別為學校考，不隸屬營建下；舊志爵秩，內分分封、官師、名宦三目，書名宦重在流傳善政，不應入爵秩志，今將歷代賢良治績別為政略紀之；舊志人紀分子目太多，今削去賢良、仕績、忠義、篤行、任恤、儒林、文苑、高士、遺才、列女、方伎、寓賢諸名目，改為列傳以世代先後為次，方伎、列女別為總傳，寓賢則從闕不書；舊志氏族，但以單姓、複姓、奇姓分類，而記載簡略，今分鄉編列，旁采各姓譜牒，溯其先世爵裡，並及遷居何時，現有丁口若干，仕宦各舉最著者一二人，將以驗一邑門戶之盛衰，周知丁口之多寡；舊志藝文，各體稍嫌冗濫，今將一切與邑中掌故無關者悉從割愛，記序、書牘、雜文采入各考，流覽之詩注入山川勝跡，書目則按四部編列，其在太平興國六年以前不能確定為邑人者概不著錄。

▶ 進賢

進賢舊乘之可考者始於明成化，此後正德、嘉靖皆兩修之，崇禎初再

修之。明清間有邑人熊氏私輯邑志一種。入清，有康熙、乾隆、道光、同治四修。以上凡十一種，明志僅存嘉靖季年汪集所纂一種，清志則除乾隆稿本外均有存本。

晉太康初年，析南昌地置鐘陵縣，尋省。蕭梁、李唐復兩度置廢。宋崇寧二年，置縣曰進賢，屬隆興府。元屬龍興路。明、清屬南昌府。

〔成化〕進賢縣志

孫貴修孫貴，字邦瑞，江都人，成化四年任進賢縣典史。

明成化四年（1468）刻本　佚

光緒《江西通志》藝文略：《進賢縣志》成化四年典史孫貴修。

王一夔序進賢為豫章壯邑，西南昌，南臨川，北東餘干，延袤凡數百里。志雖故有，而紀載之體，繁簡之宜，去取之公，觀者不能無憾。乃成化四年，典史維揚孫貴邦瑞，政暇，因取而修之，繁以芟，脫以補，訛以正，人物名宦非卓卓有聲者悉擯不錄。不數月，櫽栝而就緒……

【按】進賢置縣於北宋崇寧初，歷宋、元二朝，邑當有志，今未能考知其詳。王序曰：「志雖故有，而紀載之體，繁簡之宜，去取之公，觀者不能無憾。」典史孫貴據舊乘刪訂之，是為成化志，乃邑志可考者之首。王序述其書之成，而卷次體類則皆闕如矣。據正德志萬鎧序，此志有刻本行世。

〔正德〕進賢縣志[1]

談一鳳纂談一鳳，字文瑞，無錫舉人，正德三年任進賢縣學訓導。

明正德六年（1511）刻本　佚

光緒《江西通志》藝文略：《進賢縣志》正德六年教諭談一鳳

修。

談一鳳序進賢縣故無志，提學先生關中李公謂一鳳曰：斯志也。乃試修之。志成，會先生按縣至進賢，取之筆削焉。已，令鑴板以行。一鳳竊歎曰：夫余乃今知作志之難也……一鳳始為志也，考載籍，諮父老，推究形勢，尋繹脈絡，仰觀星野，旁訂文獻，萃士群講，蓋三閱月而後志成……

〔正德〕進賢縣志[2] 十卷

劉源清修　楊二和纂劉源清，字欽靜，東平人，正德十二年知進賢縣事。　楊二和，字恭甫，邑人，弘治六年進士，歷官四川提學副使。

明正德十三年（1518）刻本　佚

《千頃堂書目》卷七：楊三和《進賢縣志》十卷。

楊二和序邑故有志，成化戊子者志矣弗詳也，正德辛未者詳矣猶遺也，識者憾焉。憾之者誰乎？邑大夫欽靜劉侯簡自德興，視篆初，索觀之，喟然曰：一邑之典章文物，夫可遺哉。顧民事方殷，既逾年，噓枯濡涸，剔蠹鋤梗，民乃大裕。爰率其丞彭君德輝、同教堯君廷璧，訪予石灘草堂，謬屬筆削焉。予早羸且痗，竊不自揆，亦欲表彰先哲，三辭不獲命，乃試修之……

【按】是志《千頃堂書目》著錄為十卷，無纂修年，又誤楊二和為楊三和。劉源清以正德十二年來知縣事。據楊序，劉氏涖任既逾年，乃囑二和纂輯。又據後志，劉氏後任知縣胡斐，正德十四年來任。由是推知，此志當成於正德十三年，崇禎邑志劉洪謨序曰「鐘陵志始於成化戊子，兩修於正德辛未、戊寅（十三

年）間」，誠不誣矣。此志內容，楊序約略言之，曰：「先儒廣漢張子論志不可不重人物，而官守又民生焉繫，故表之編年，俾國家世祚而時之豐嗇、才之臧否，一覽可悉也；他如山川鄉都之屬則繫於地理；貢賦物產之屬則繫於食貨；凡有切於民事者則統曰水利；有役於民力者則統曰建設；貤封任子，恩典也，而旌義榮身之例得附焉；廟壇祠壇，祀典也，若寺觀之祝釐得以類焉。」其大綱如此，其詳則今未可知焉。

〔嘉靖〕進賢縣志[1]

程光甸修　李惟寅纂程光甸，字子極，號南津，太湖人，嘉靖三十八年進士，三十九年知進賢縣。　　李惟寅，字懋之，福建將樂人，歲貢，嘉靖三十八年任進賢縣學教諭，四十二年升浙江奉化知縣。

明嘉靖四十一年（1562）修本　佚

【按】此志未見著錄，今據嘉靖癸亥縣志傅炯序補錄。傅序曰：「邑舊有志，采摭未備，邑侯南津程君覽之，切有病焉。既而石南葉公臨郡，欲得邑志，以便觀采。侯囑掌學兩峰李君同諸庠彥補輯成帙，以呈。然因匆遽，而猶疑未備也。」考萬曆《南昌府志》，知府葉應乾，慈溪進士，嘉靖四十一年來知南昌府事。又據傅序，汪、萬志始事於嘉靖四十二年春。故知本志修於嘉靖四十一年葉氏蒞任之後。

〔嘉靖〕進賢縣志[2] 八卷

程光甸修　汪集　萬浩纂汪集，字惟義，號柏庭，邑人，嘉靖十四年進士，授翰林院庶起士，官南京尚寶寺卿、光祿寺少卿、貴州布政使

參議。　萬浩，字汝孟，號太疇，邑人，嘉靖三十二年進士，授編修，遷南國子監祭酒、南京禮部右侍郎，著有《湖窗稿》等。

明嘉靖四十二年（1563）刻本　存

光緒《江西通志》藝文略：《進賢縣志》嘉靖四十二年邑人萬浩修。

《中國地方志聯合目錄》。

傅炯序邑舊有志，采摭未備，邑侯程君覽之，切有病焉。既而石南葉公臨郡，欲得邑志，以便觀采。侯屬掌學兩峰李君同諸庠彥補輯成帙，以呈。匆遽而猶疑未備也。癸亥之春，侯績滿三載，士人競以旌舉升召相報慶，而侯且恬然以修志謀於予。予曰：修志非史筆不可也，今幸有翰林大疇萬君以內艱居家，既禫裪矣，少參柏亭汪君早年亦儲養於史館者也，邑之志能無賴於兩賢之筆乎？侯乃禮請聚修，凡三越月而書告成，門分類列，釐為八卷。於凡山川、建置、風俗、人物、田賦、典禮、遺跡之類，一展卷舉在目中。且各於其類立有言焉，庶使覽者知其孰也美，孰也疵，孰也可因，孰也可革，孰也為當法，孰也為當懲，勸戒之義昭示於後……遂速匠刻之。（嘉靖癸亥九月既望）

【按】傅炯序嘉靖壬戌、癸亥兩修邑志之顛末甚詳，茲不復贅。此本八卷，卷一疆土，卷二建設，卷三賦役，卷四典禮，卷五官秩，卷六人物，卷七遺跡，卷八雜記。

〔崇禎〕進賢縣志

蔣德瑗等修　陳良訓　金廷璧纂蔣德瑗，字仲陞，號鐘湖，晉江人，天啟五年進士，知東鄉縣，天啟六年調知進賢縣。　陳良訓，字式甫，號岵月，又號壺雲，邑人，萬曆四十一年進士，歷官浙江按察

使。　金廷璧，字德潤，號九如，邑人，萬曆四十一年進士，官邵武知府、南雄知府、荊西道副使。

明崇禎元年（1628）刻本　佚

光緒《江西通志》藝文略：《進賢縣志》崇禎元年邑人陳良訓修。謹按：是時邑人熊人霖輯有《進乘》，存稿未刻。

陳良訓序明興，志進賢者四，而世廟癸亥以後，志無稽焉六十載……丁卯八月以後……予勤編摩以備草創，邑大令蔣侯暨諸君子遂命屬鐫……

金廷璧序考吾進志，嘉、隆以前經先輩創述者凡四，嗣是六七十載，文獻缺焉不備，當事者懼焉。四多梁侯，政暇之餘，惓惓留意，業已與吾黨有成議矣，旋以艱去，屬學博達吾李君，檄諸生具草，然而人各領穎分編，卷帙散漫，未嘗參會歸於一致。暨閩鐘湖蔣侯自東汝調至，銳意以華斯役為快，而年友陳式甫……慨以身任討論之責，間拉余為商度……一切修飾潤色俱式甫為政……（崇禎戊辰）

【按】此志首事者，實為知縣梁應材、教諭李鳴鳳，分纂諸生已各自成帙，未嘗統纂諸稿以歸一致。德瑗繼任知縣，邑紳陳良訓、金廷璧等重加編摩以畢斯役，德瑗乃捐貲梓刻。梁應材，字四多，號瑤石，廣東新會進士，天啟四年知進賢縣。

進賢邑乘

熊人霖纂熊人霖，字伯甘，邑人，崇禎十年進士，任義烏知縣，擢工部郎，任太常少卿，著有《四書繹》等。

明清間稿本　未見

【按】是書未見著錄，僅光緒《通志》於崇禎《進賢縣志》

下按曰：「是時邑人熊人霖輯有進乘存稿未刻」。康熙、道光以下諸志俱有熊人霖傳，皆稱熊氏修有邑乘，藏於家。光緒《通志》言此志纂年未詳。按熊氏於崇禎十年成進士，卒於康熙五年，其書當纂於此間。此志康熙間修邑志時尚有，其後則未之聞。

〔康熙〕進賢縣志二十卷

聶當世修　陳時懋等纂聶當世，號二瞻，湖廣監利人，順治十五年進士，康熙二年知進賢縣。　　陳時懋，字百揆，號東田，邑人，順治十八年歲貢，任新喻訓導，升祥符縣丞。

清康熙十二年（1673）刻本　存

光緒《江西通志》藝文略：《進賢縣志》康熙八年知縣聶當世修。

《中國地方志聯合目錄》。

聶當世序曩己酉歲，曾搜輯舊乘，守藏史委諸劫灰。又造請邑縉紳士，而議多盈廷，謀同作舍，蓋數年而未克畢斯役，亦數年而不敢稍釋諸懷也。爰訪諸旦評，酌以凤契，擇可委以事者，若陳祥符丞時懋、江明經墨、饒明經植、章文學兆瑞等，各協心並力，操筆墨以從。求成化、正德時孫尉貴、談廣文一鳳志。無從睹焉。嗣得嘉靖萬少宗伯浩、崇禎陳中丞良訓各所修志，又得熊部郎人霖所手集未刻《進乘》存稿。既登舊章，因輯近事……閱數月而編次定，再閱數月而剞劂竣，乃得藉手觀盛事之成。

【按】是志之修，經始於康熙八年，然數年而未克畢斯役。至十二年，乃擇陳時懋、江墨等協力從事，閱數月而編定，再數月而梓竣，凡二十卷，卷一輿地志，卷二至卷五建置志，卷六賦

役志，卷七典禮志，卷八卷九典祀志，卷十職官志，卷十一、十二選舉志，卷十三良吏志，卷十四至十七人物志，卷十八至二十雜志。《續修四庫全書總目提要》評此志，曰：「其凡例云：有舊遺今獲其據者，悉為增入。惟統觀全書，某為舊志，某為新增，皆未標出，故欲考其所補舊志遺漏之跡，深覺莫由。其《兵革志》，由漢迄清初，所輯僅十一則，簡略未免過甚。其《人物志》之分類，有良臣、高士、篤行、義俠、武略、節烈、流寓、仙釋、方伎，而無儒林、文苑，未審何故。且全書無藝文志，而於《雜志》之末附詩詞多首，亦殊無謂。惟賦役所載……備極詳備，實為此書精華所在。」

〔乾隆〕進賢縣志

羅荃纂羅荃，字仲芳，號蓀臬，邑人，乾隆二十四年舉人，任宜春縣教諭，著有《參同契輯解》。

清乾隆四十五年（1780）稿本　佚

光緒《江西通志》藝文略：《進賢縣志》乾隆四十五年邑人羅荃修，未成。

【按】光緒《通志》稱此志「未成」，道光縣志賀熙齡序曰「乾隆時修而未成之羅志」，而朱楣序則曰「乾隆庚子羅志抄本」。道光志之凡例，語涉羅志者三處：「進賢志前明五次經修，均不可見。本朝康熙聶志複板本漫漶。故此次所修，自乾隆庚子以前，均以羅志抄本為底稿」。「羅志藝文所錄舒文節、陳吉所、傅寄庵廷對三策，敷陳剴切，亦附載本傳後；詩則仍羅志之例，另編藝文」。「聶志編寺觀於典祀，編列女於人物，羅志辨之當

矣。然人物列以仙釋，又何以立同異之防。茲以寺觀、仙釋並列雜識，外之也」。此道光志以羅志為底本，類例沿襲羅志而間有改訂，知羅氏所纂必為成稿。光緒《通志》等所謂「未成」，當指其書之未及刊行。又道光志王泉之序云：「厥後魏君攀龍思重編之，稿未定而中寢。」魏氏以乾隆四十七年、五十一年兩任進賢知縣，後羅氏之修葺不數年，其稿未定而事寢，故道光等後志不及之也。

〔道光〕進賢縣志二十五卷首一卷

朱楣修　賀熙齡纂朱楣，號鞠坪，安徽涇縣人，嘉慶十九年進士，二十五年知進賢縣。　賀熙齡，字光甫，號蔗農，湖南善化人，嘉慶十五年進士，授翰林院編修，遷國史館纂修。

清道光三年（1823）刻本　存

光緒《江西通志》藝文略：《進賢縣志》二十五卷道光三年知縣朱楣修。

《中國地方志聯合目錄》。

朱楣序余以嘉慶庚辰承乏茲邑。越道光壬午，奉各上憲命重修邑志。而舊志修於康熙初，迄今百數十餘年，板本漫漶不可辨。乃復求得乾隆庚子羅志抄本。因禮請長沙太史賀君蔗農主其事，相與發凡起例，徵文考獻，五閱月而書成……

【按】此志以乾隆間邑人羅荃所纂志稿為底本，而於發凡起例間有改訂增輯。舊志於進邑沿革未能明晰，此志悉予更訂；依范成大《吳郡志》之例，次星野於沿革；又於建置中增兵防一目；舊以學校為目，隸於建置，今以學校為綱，以詳其制；聶志

編寺觀於典祀，編列女於人物，羅志以仙釋入人物，今以列女獨立為綱，而以寺觀、仙釋並列諸雜識；聶志無藝文，以詩詞等附於雜志，今依羅志，另列藝文。是志二十五卷，列為十二綱，曰輿地，曰建置，曰賦役，曰學校，曰祀典，曰職官，曰選舉，曰循吏，曰人物，曰列女，曰雜識，曰藝文。陳光貽《稀見地方志提要》稱此志「體例雅正，較前修諸志頗有展進」。

〔同治〕進賢縣志二十五卷首一卷

　　江璧　李文同等修　胡景辰纂江璧，字南春，江蘇甘泉縣進士，同治七年五月來知進賢縣事。　　李文同，字煥之，湖南長沙監生，同治九年代理進賢知縣。　　胡景辰，字端品，號庚垣，邑人，同治二年進士，任安徽清陽、婺源知縣。

　　清同治十一年（1872）刻本　存
　　清光緒二十四年（1898）補版重印本　存
　　朱士嘉《美國國會圖書館藏中國方志目錄》。
　　《中國地方志聯合目錄》。

　　江璧序歲在戊辰，予來宰是邦，接見邑之士大夫，訪求其書，不可得。閱明年，大府奏請修江西通志，蒙旨俞允，因檄各邑共修其書。予承乏斯邑，不敢辭，因輾轉購求前志，始得之。因邀胡進士景辰等任其事，就前志中所當增者增之，當補者補之，凡癸未以前諸條所載俱仍舊，毋庸更易。惟其中有二事最為切要，不可不詳。其一為水利……其次則粵寇之亂……其中殉節而死者……歲在庚子之秋，予奉調入簾，而胡君亦於是冬遂歿，其事不果竟。繼其事者為邑諸生趙君曰釗、張君功純、章君善、陳君經、夏君瑞麟、吳君定元等。今其書已將告成，趙君曰釗來請序於予。

予未及披閱，姑弁數言於此……（同治十年孟夏）

　　李文同序庚午春二月，舊令尹江君南春奉檄續修，延胡進士景辰秉筆撰述……秋七月，江君南春以奉調分校棘闈去，大府命余代斯纂。余遂相與悉心校讎。越七月而書成，眾紳屬序於余……（同治十年正月）

　　陳慶綏跋慶綏丁酉八月之任，覓邑志不得，僅假讀自張孝廉德輿家。志為江、李兩前令所修。亟索原鋟之版於廣文署，拂滌試印一通，約略已缺十之二。爰校據原書，籌款募手民，於版之缺者重鋟以補之，殘者別鋟以易之，閱五月而工竣，自是而斯志用復舊觀矣……（光緒二十四年九月）

　　【按】同治八年擬修省志，乃檄各屬預修邑志，以備採擇。進賢知縣江璧奉檄，委其事於邑進士胡景辰等。九年秋，江氏奉調離進，胡氏又於是年冬物故，署知縣李文同乃以邑諸生趙曰釗等繼其事，又經署知縣張廷珩、署知縣狄學耕（十一年八月來任）兩任，其書方告刻竣。朱士嘉《國會志目》及《中國地方志聯合目錄》俱作同治十年刻本，是為其始刻年，鋟梓竣事當在十一年，是書卷首「修志姓氏」列主修為江、李、張、狄四知縣，卷十三職官亦記有「狄學耕同治十一年八月署理知縣」事，是其證。此志類例綱目悉依道光朱志，其凡例亦照錄道光志，僅於凡例後附「趙曰釗謹志」曰：「道光三年癸未，賀太史熙齡總修邑志，以乾隆庚子羅志為底稿，其發凡起例不過間有改訂增輯。茲則概從賀志，故不更為凡例。第職官下補載營官，遂將兵防移置營官之次，各從其類也。餘皆古訓是式，雖有增輯，率由舊章，庶乎不愆不忘云。」《續修四庫全書提要》嘗譏其以兵防入職官云：「此志以兵防附於職官，以兵革附於雜識，不惟附非其類，

二目亦未可離析也。」至光緒二十四年，此志已不易覓得，原版已缺其十之二，知縣陳慶綏乃籌款募工，據原書樣補鋟殘缺之版，以復舊觀，是為光緒二十四年本，其內容於原刻則無所損益更易。

▶ 安義

安義為縣之初，即有創修邑志之舉，而未就緒。閱四十餘年，乃有嘉靖高志，今已無存。清有康熙、嘉慶、同治三志。嘉慶志僅成稿，今亦不存。民國間又輯有邑志九卷，未嘗鋟梓，今存其稿本。又據康熙《臨川縣志》，明萬曆間，臨川人姜鴻緒「征修《安義縣志》」，其書是否修成，則未見記載，此志今不錄，謹識之以俟考。

明正德十三年，析建昌縣西南五鄉置安義縣，屬南康府。清仍明。

〔嘉靖〕安義縣志二冊

高暘修　周希貴等纂高暘，字賓之，湖廣蘄州人，舉人，嘉靖三十五年知安義縣。　　周希貴，邑人，嘉靖二十五年舉人。

明嘉靖三十八年（1559）刻本　佚

光緒《江西通志》藝文略：《安義縣志》嘉靖三十八年知縣高暘修。

高暘序余至三載，始窺顛末萬分之一。乃搜舊牒，見斷簡中云督學憲副周公曾委司訓陳士瑞，督同舊時生員黃昌宗、張燿創稿一次而未就緒。余始按其大略，而謀諸學博王君應春、陳君原、宋君傑，暨舉人周君希貴邦輔，庠生熊子祥、周子廷詔、龔子高、張子啟忠等十餘人，大為諮

誦，爰集於青雲樓，各為搜輯，草草成帙……綱目燦然，一覽無遺，於建置疆域而得因革之故，於田糧陂堰而知界額之詳，於職官去留而察臧否之實，於科目學校而知人才之盛，於節義舉辟而知用舍之極，於祠寺古跡而知崇祀之方，凡此之類，真可以杜民爭而鼓士氣矣……（嘉靖三十八孟秋）

【按】安義置邑於正德十三年。置邑之初，首任縣學訓導陳士瑞即與生員黃昌宗、張爟創修邑志而未就緒。嘉靖知縣高暘按陳氏舊稿，重加修葺，書成於嘉靖三十八年。志又有刑部尚書陶尚德序，稱是志若干卷，釐為二冊。高序列舉此志內容，包括建置、疆域、田糧、陂堰、職官、科目、學校、節義、舉辟、祠寺、古跡諸項，其綱目之詳今未能考知。

〔康熙〕安義縣志十卷

陳瑾修　周曰泗等纂陳瑾，字侗庵，陝西鄠縣人，由進士康熙六年知安義。　周曰泗，號讓灘，邑人，恩貢，任玉山縣訓導。

清康熙十三年（1674）刻本　存

清康熙間續修刻本　存

光緒《江西通志》藝文略：《安義縣志》十卷康熙十二年知縣陳瑾修。

《中國地方志聯合目錄》。

陳瑾序安義以邑名，從明武廟剖符，迄神廟，距四十三年始自為志，乃高公振響後中更百年，未聞有過而問者，而安義自此竟無志矣。余得捧安檄，與文山晨夕，七載於茲，簿書之暇，輒謀所以新之，而未有閒。會纂修之令下，遂與二三同志黽勉從事，考訂異同，證曩今昔，山川

風物盡入網羅，清操孤芳悉登記載，始事於十月之朔，至十二月遂告成功。是役也，周子曰泗當董狐之寄，而陳子所佳、王子儻相與左右，卒業焉……（康熙十二年季冬之望）

【按】此志有陳瑋、沈懋賡、孫愈泰、徐碭四序，陳序曰「始事於十月之朔，至十二月遂告成功」，孫序曰「甫兩閱月而削草，又兩閱月而書成」，知此書當訖稿於康熙十二年末，其鋟工竣事在次年初，故宜錄為十三年刻本。茲志十卷，卷一輿地，卷二建置，卷三賦役，卷四官師，卷五祠祀，卷六選舉，卷七人物，卷八文苑，卷九別志，卷十雜志。《續修四庫全書提要》謂此書「紀載雖稱簡略，體例尚屬有當」。《續四庫提要》又曰：「此志雖為康熙十二年修，至康熙四十七年實又略增補，如所刊《文公朱夫子祠祀》與《計開置買靖安縣繞田下阪礱坑田畝土名冊》，共四頁，云：時康熙四十七年戊子歲仲春上浣之吉，文林郎知安義縣事加一級山陰後學王敬純撰。是其證也。惟除此四頁外，皆無增刊之跡矣。」

〔嘉慶〕安義縣志

張景修張景，字西屏，河南武安縣人，進士，嘉慶二十三年知安義縣。

清嘉慶二十三年（1818）稿本　佚

【按】同治縣志杜林序：「嘉慶二十三年戊寅，張西屏明府蒞任，重為修輯，惜甫脫稿，未及付梓，遂解組去。」同治志凡例曰：「三修於嘉慶戊寅年，因未刊行，仿《明史稿》之例，別為張志稿。」查同治縣志各卷，其標注「張志稿」而記事最晚者

為卷七選舉志之鄉舉，記嘉慶二十三年戊寅科舉人黃瀚等三人，知「張志稿」記事下迄為是年。同治凡例具列張志與陳志、同治志異同處：綸音，舊志（高、陳、張三志並稱舊志）列於文苑之首，未免失宜，今遵省頒程式，弁冕全書；舊志首輿地，今改稱地理，其津梁一類向隸建置者，改入地理中，惟沿革舊無世表，今特補之；學宮、書院、倉儲等項，陳志悉列建置中，張志稿別為學校志，而倉儲仍前列，今悉釐正，改歸食貨；壇廟寺觀，舊志別為祠祀門，今悉統於建置；食貨志，陳志稱賦役，張志稿稱民賦；秩官，陳志曰官師，張志稿改稱職官，附詳封爵一條，差足補漏；舊志無武備一門；舊志選舉五貢雜陳，今按恩、拔諸名色各以類從；紀載之體，人必書名，舊志稱憲稱公，茲悉更正；陳志人物統稱鄉獻，張志稿改添子目，品類詳明，與省頒程式微異；列女，張志稿另為一門，今遵省式悉歸人物中；舊志失編忠義；流寓，陳志屬別式，張志稿改稱僑寓，屬外志，今併入人物之末；雜志向列全書之末，張志稿改歸藝文志前，不知何說；張志稿編纂姓氏缺如。今統觀康熙、同治二志，參酌以上諸條，張志可略復其舊觀。

〔同治〕安義縣志十六卷首一卷末一卷

杜林修　彭門山　熊寶善纂杜林，字獻白，六合人，同治九年知安義縣事。　彭門山，號星垣，一號少韓，邑人，道光九年進士，任山東鄒平、滕縣等處知縣。　熊寶善，字子靜，邑人，廩貢生，候選知縣。

清同治十年（1871）活字本　存

杜林序同治庚午，余承乏來茲，適大府劉中丞奏請纂修《江西通志》，刊發章程，通飭各屬一體遵辦。履任後，進邑人士而商之，僉謂當務之急。爰於季夏之六日開局纂輯，匯為十集，分為十六卷，閱八月而告成……（同治十年孟春之望）

【按】茲志奉檄修纂，體例一遵省頒程式。凡嘉慶戊寅以前之內容，采自高、陳二志及張志稿，並一一標明所自；有舊志未載者，則采自通志、府志、建昌縣志及其他載籍。其體例類目與舊志異同者，悉於凡例中詳為說明。其書首尾凡十八卷，卷首序、舊序、舊志姓氏、凡例、纂修姓氏、繪圖、綸音，卷一地理志，卷二建置志，卷三食貨志，卷四學校志，卷五武備志，卷六職官志，卷七卷八選舉志，卷九至十二人物志，卷十三至十五藝文志，卷十六雜類志，卷末補遺。《續修四庫全書總目提要》曰：「其人物有見於選舉者，仿《史記》互見之法，其他或合傳，或附傳，或以事比，或以系及，其法堪稱善。《人物志》有洪汝懋，為從《建昌志》所增入，蓋因《吳草廬集》題姚博士與汝懋贈言，稱汝懋為玉父之後，據此，遂將汝懋亦從玉父而併入安義，其嫻考證多如是者。惟考陳志，以安義星野高志悉從建昌分野掃摭而成，是以概行刪去，不立天文一門，本極有見；而此志竟據張《志稿》刪繁補入，牽合附會，無謂已極。又建置志之廟壇，新增祭文數十篇，亦為不應爾者。」

〔民國〕安義縣志九卷

王斌修　黃希仲纂王斌，江西鄱陽人，畢業於中央大學政治系，民國二十五年來任安義縣長。　黃希仲，邑人，任南昌市政委員會文書

股股長。

民國二十六年（1937）稿本　存

【按】安義縣志館成立於民國二十五年四月，省主席邑人熊式輝兼任館長，縣長王斌任副館長，黃希仲為總纂。此志成稿於民國二十六年初，釐為地理、教育、黨政、人物、氏族、宗教、藝文、編餘九卷，列綱二十七，設目九十七。未及刊行，有稿本存。

江西文庫 A0701B28

贛文化通典（方志卷） 第一冊

主　　編　鄭克強

版權策畫　李　鋒

責任編輯　林以邠

發 行 人　陳滿銘

總 經 理　梁錦興

總 編 輯　陳滿銘

副總編輯　張晏瑞

編 輯 所　萬卷樓圖書股份有限公司

排　　版　菩薩蠻數位文化有限公司

印　　刷　維中科技有限公司

封面設計　菩薩蠻數位文化有限公司

出　　版　昌明文化有限公司

桃園市龜山區中原街 32 號

電話 (02)23216565

發　　行　萬卷樓圖書股份有限公司

臺北市羅斯福路二段 41 號 6 樓之 3

電話 (02)23216565

傳真 (02)23218698

電郵 SERVICE@WANJUAN.COM.TW

大陸經銷　廈門外圖臺灣書店有限公司

　電郵 JKB188@188.COM

ISBN 978-986-496-233-4

2018 年 1 月初版

定價：新臺幣 360 元

如何購買本書：

1. 轉帳購書，請透過以下帳戶

　合作金庫銀行　古亭分行

　戶名：萬卷樓圖書股份有限公司

　帳號：0877717092596

2. 網路購書，請透過萬卷樓網站

　網址　WWW.WANJUAN.COM.TW

大量購書，請直接聯繫我們，將有專人為您

服務。客服：(02)23216565 分機 610

如有缺頁、破損或裝訂錯誤，請寄回更換

版權所有·翻印必究

Copyright©2016 by WanJuanLou Books CO., Ltd.

All Right Reserved　　　　　**Printed in Taiwan**

國家圖書館出版品預行編目資料

贛文化通典. 方志卷 / 鄭克強主編. -- 初版.

-- 桃園市：昌明文化出版；臺北市：萬卷

樓發行, 2018.01

　冊；　公分

ISBN 978-986-496-233-4(第一冊 ： 平裝). --

1.方志　2.江西省

672.408　　　　　　　　　107002013

本著作物經廈門墨客知識產權代理有限公司代理，由江西人民出版社授權萬卷樓圖書

股份有限公司出版、發行中文繁體字版版權。

本書為臺灣師範大學國文學系產學合作成果。　　　校對：梁潔瑩